近观马云

史玉柱　冯　仑　任志强　刘永好
江南春　李　静　吴　鹰　沈国军
沈南鹏　张纪中　赵　薇　郭广昌
著
优米网 主编

时代出版传媒股份有限公司
北京时代华文书局

目 录

冯　仑：马云讲很多道理，但不怎么装 / 31

马云表达的那个状态非常好；再一个，他跟人讲话的时候，非常之自信，而且有感染力，对未来非常有信心，也始终在讲未来。他表达的时候一直有这种坚定性和对未来的洞察力，以及对一件事情毋庸置疑的自信。这种力量实际上让人听完以后，没有怀疑的余地。

马云是一个把“未来”放在平时工作思路、观点里的年轻人。他表现出来的是“我不甘寂寞，我要努力去寻找一个属于自己的事业”。马云是个不拘一格的人，我最欣赏的实际上是他不受现有条件的框框，往“未来”去想。

江南春：马云有远见，“不靠谱” / 111

马云是属于那种不接地气的人。所谓“不接地气”就是马云跟你聊事情时，他在说的都是十年之后的事。就是他在跟你聊这件事的时候，你总是觉得这个事情不靠谱，但是你看他干着干着，就把这个事情干靠谱了。

李　静：马云创造着一种新的价值认知 / 133

时尚不是拎一个名牌的包，而是基于这个时代创造了一些更酷的、更新的东西，比如移动的APP，这些东西帮助人们解决很多问题。像马云这样的人，他们不仅是创造了一个成功的企业，而且创造着一种新的价值认知。

吴　鹰：马云是一个敢闯敢赌的人 141

马云其实在生活中是非常有意思一个人，我对马云的很多事情印象深刻，包括淘宝一而再、再而三用免费模式，敢闯敢赌；马云看准的方向就一直往下走这些都是挺牛的。

沈国军：马云的心地很善良 / 157

马云的几个特点，第一，是心地非常善良；第二，马云在公司战略上布局非常的深远；第三，我觉得他管理的企业文化非常独特；最后一个，马云本人其实是非常爱国、爱公司、爱家的。

沈南鹏：马云下了一盘很大的棋 / 181

马云这个人最大的特点，我用一个比较官方的词是“前瞻性”，但是其实“前瞻性”这个词还不足以描述马云，所以更贴切的应该是“大胆想象”+“完美执行”。马云的第二个特点是坚持。有很多想法，其实刚说出来的时候，很多人认为这是“狂言狂语”，肯定不靠谱。但是我感觉马云有自己一些非常执着的想法，而且能够坚持下来。

张纪中：马云很能耍贫嘴 / 195

马云有一个很重要的特点，就是他能够在一个非常“嘻嘻哈哈”的过程当中吸引人。其实他一天到晚嘻嘻哈哈，似乎没有正经的样子，但是他所讲的这些东西，都会引起你的注意。

赵 薇：马云完全不给人距离感 / 213

马云会说的一定是发自内心的话，所以他不需要花那么多时间去维持那种社会关系，但是大家自然而然都会跟他有一种非常融合和沟通的关系。他也是一个完全不给人距离感的人，我隐隐记得第一次见他应该也是一次普通的饭局。当时最让我印象深刻的是，“天哪，马云就穿成这样啊，穿得特别‘破烂’，那个黑色T恤衫，至少穿五年有了吧。还穿了一个运动裤，戴着一个洗得有点发白的运动帽。真的让人挺想买几件衣服送给他的。”

01

史玉柱

马云有伟大的战略眼光

在中国，可以说在战略思考上，基本上没有人赶得上马云。战略，先要看战术，看每一步的时候，它那一步看似有可能是臭棋，但是你要往后多看个十步二十步，有可能那一步棋就是很妙的一着。

作者简介

史玉柱，1962年出生，安徽怀远人。当今中国商界最具争议和传奇色彩的企业家，中国营销进程的亲历者和推动者。1989年研究生毕业后，弃政从商。2013年4月宣布退隐江湖，现专注于慈善和投资。

初识马云

我认识马云很早，以前是认识马云的，但没打过交道，属于见面点头那种。最开始感觉马云有点空谈，但是后来打过交道之后，我以前以为他空谈的那些东西，最后他居然都将其实现了，那就说明他不是空谈。

真正跟他有交往其实就是2006年参加《赢在中国》的时候。因为一起当评委，那个时候算是开始有交往，关系真正开始好，也就是那时候才开始的。

在《赢在中国》里，要面对不同类型的选手。我们那时候是三个评委，每个人都要现场去判断选手，事先啥资料都没有。后来我就发现马云的判断——就是看人——应该是三个人里面最准的；点评也应该是最深刻的，所以那时候我才开始真正地由衷地敬佩他，开始交上了朋友。

参加节目以后，我跟他交往就比较多了，还有两次我们参加《赢在中国》评委组，我们两个一起去的机场，有一天飞机晚点，我们两个就在候机楼聊了挺长时间。

从《赢在中国》之后我们接触就很多了，基本上就是有机会就会见个面。比如说有时候他到北京出差，他也知道我在北京出差就会约我一起去吃饭；我在上海的时候，也会约着他来上海一起吃饭，聊聊天。包括他参加的一些社会活动，也会叫上我。

马云的战略思考是全中国最好的

在节目里，我在问问题的时候，更多地侧重于战术方面的；马云基本上问的角度，评判的角度，是从那个战略、文化等等这些角度出发的，我觉得他更深入一些。

在中国，可以说在战略思考上，基本上没有人赶得上马云。其实战略，就跟下围棋一样。战略，先要看战术，看每一步的时候，它那一步看似有可能是臭棋，但是你要往后多看个十步二十步，有可能那一步棋就是很妙的一着。因为马云会下围棋，他围棋下得还是挺好的。怎么学的围棋，他还给我讲过故事。

他说他大学寝室有一个人下围棋很牛，但他不会下，他就猛学了一阵，最后他大学同寝室的那个人就再下不过他了，后来他大学同班同学推荐说，郊区有一个老头下围棋是远近闻名的，他就去找了那个老头下，星期天跑到人家家里面去了。但那个老头不在家，他儿子在，一个少年，十四五岁。马云跟那个少年下了，结果输得一塌糊涂。然后马云回去又苦练，接着可能就拜了老头为师，最后就超越师傅了。

这个事他是当个故事说的，他不一定说百分之百的就这么准，我也记得不一定百分之百。因为他当故事说，当时说去郊区找这个老头，一路下着雨，他骑个自行车，淋得像落汤鸡，我就记得他当时渲染得挺多的。

因为马云会下围棋，所以他布局布得确实非常好。阿里巴巴近七八年来，他很多布局曝光了。这些布局，他以前也跟朋友说过，包括我在内的很多人其实都不理解他当时为什么要这么走，为什么这个棋子要下在这儿，但是事后证明确实下得非常成功。

不是每个战术都是成功的，并不一定每个动作都是很完美的。但是因为他的战略是正确的，所以基本上看他这几年做的每件事都做成了，阿里做得很漂亮。现在正在布的一些局，我相信未来也会非常好。

至于说马云是怎么想到这些布局的呢，我觉得其实是他的团队、他的高管和他本人，我相信他的布局都是他们在内部争吵，激烈的争吵震荡出来的。我也相信外界对他的帮助不大，他内部的“高手”很多，内部人才济济，再加上他本人大局观又强，又很聪明。所以我觉得基本上是他们在一起商量出来的。

战略部署一：合伙人制度

我和马云有时候会在一起谈战略，谈文化，比如他在准备实行合伙制之前，一次在三亚找我，跑到我住的酒店跟我说了有三四个小时，就是跟我讨论关于合伙制的问题。我觉得，其实他跟我说的时候，肯定在他们内部都讨论完了，都已经确定了，但即使确定了之后，他还会找我沟通，因为我毕竟也是管过上万人的队伍，这方面的经验教训多一点。他是想看看我对这个事的评价，就是有没有不同的看法，然后完善一下他的思路。当时听他说，我就觉得非常好。最后他实施了，我觉得合伙制是很成功的。

对于这个“合伙人制度”我是这样认为的。实际上中国最难处理的就是人，我觉得合伙制有效地解决了这个问题，对于公司的骨干，这种制度解决了对他们的激励问题。在国际上凡是“人”占这个公司总资产比重非常大的企业，都会使用合伙制。比如像律师楼，那个楼可能是租的，但是真正最值钱的就是那帮律师，尤其高水平的律师，会计师事务所也是一样，那这些往往都实行的合伙制。

合伙制最主要的一个特点就是说，产生利润之后，首先是让合伙人先分这部分钱，然后才是股东。一般来讲，互联网企业跟律师楼，跟会计师楼其实是一样的，最核心的资产是人，所以互联网企业使用合伙制，我觉得应该是非常巧妙、非常高明的。

马云考虑合伙人制度，应该也是想要优待那些和他一起战斗的人。他不光是考虑了元老问题，其实也考虑了后来的这些水平很高的人。而且他每年还会“有进有出”。比如说三分之二的合伙人投票通过就可以淘汰出去几个人，或者引进多少人。

战略部署二：云计算

在中国，马云应该是最早布局云计算的。那时候外界还不知道，他和我说的时候，已经考虑得非常深了。等外界知道的时候，他的云计算已经做得很大了。现在他的优势就出来了，大数据时代，他一开始就走到前面去了。

一般来讲，他要跟我讨论的时候，他内部肯定讨论得差不多了，那时候其实他的出错率已经很低了，而我可能只是起到一个验证的作用。

战略部署三：菜鸟物流

马云在做物流的时候，也和我聊过。应该是在做物流的一两年前，我觉得他脑子里面其实一直在想这个事情。他这个战略在布局上确实是很需要的，因为他跟我聊的时候说过，就是三五年之后，制约他发展的最大问题就是在淘宝上大家的交易，会把中国的物流给瘫痪掉——这些包裹送不到。所以他布局了这个物流，其实是把这个产业链打得更通畅一些。

郭广昌和沈国军他们都参加了这个项目，其实他们参加是对的，因为马云的“做物流”，不是自己真正做物流，其实他就是征块地盖上仓库，然后建立物流管理系统，是别的物流公司来做物流。所以这个哪些人都参加了呢？一般来讲做地产的，比如沈国军、郭广昌，因为他们对土地的价值认识更深刻一些。

因为马云项目很大，所以需要大家投资。大家一起来做，这个确实非常好，我觉得他们投这个也的确挺有眼光的。

战略部署四：互联网金融

我比较多关注的，还是马云在小微金融服务成为单独的一个集团上，这一块我觉得非常有价值，而且比地产的那一块要有价值得多。

这个服务原来只是一个产品，是支付宝的产品，后来成立了一个公司；现在一个公司还不行，马云还把它弄成了一个集团。阿里巴巴其实就是一个集团，所以小微金服集团（现已更名为“蚂蚁金服集团”）就不是在美国上市的那个集团里面。这一块将来它的市值会非常棒，肯定是全世界最大的互联网金融集团之一。

马云之前是找过我谈这个想法，不过他说的时候已经自己都想明白了。他说的时候，这个集团化概念就很强了。就是综合金融控股，之后除了银行，还能做保险、证券等一系列的服务。

很多人没看懂马云为什么搞金融，觉得怪，其实我觉得他是很顺其自然的。

马云其实不懂技术，他弄技术因为是阿里巴巴的电子商务生态这个系统需要，所以他弄了技术。可是其实他也不懂金融，他也没玩过金融。但他之所以进去金融服务板块，是因为他下面的人懂。比方说，彭蕾。彭蕾虽然是做人力资源出身的，但其实她对金融的认识很深刻。

有一些“金融资深人士”，就是一些银行的高管、行长、副行长，他们对彭蕾的评价就是：“她非常懂，非常懂这个。而且她知道问题的实质在哪儿，开始以为她们不是搞金融的，后来发现彭蕾她们确实厉害，她们就应该搞金融。”这个评价很高，有很多传统金融领域里面的人都觉得做传统互联网的人肯定不懂金融，对金融的本质产品认识不深刻。这些金融的资深人士，对彭蕾这么评价，所以我觉得她们这个团队，应该确实很棒。

战略部署五：进军娱乐业

前面这些我们都能看得懂，先是阿里巴巴，B2B，然后到淘宝，淘宝之后要建生态系统，生态系统里面肯定有支付宝，有支付这个环节，有支付宝和企业打交道，再做金融，借、贷，慢慢发展，这其实是一个电商系统，包括物流，这是电子商务的生态系统，这是我们可能都能知道的。

但后面的一些事，很多人就讲，他们看不懂。比如说搞电影，比如说搞文化中国，搞什么医疗、环保之类，这是为什么呢？

其实马云以前的客户群只有几百万，后来几千万，现在几亿，他要想让这个生态圈再扩大的话，只是采取一些过去那些手段就不行了。过去的手段都用完了，然后再想维护这个人群，再想增加他的人群的话，娱乐就是一个很好的方法，也是很重要的一个方法。

现在腾讯和阿里巴巴，都在发展娱乐业。他们两个同时在发展娱乐，也确实印证了娱乐业对于维护互联网企业的客户群有很大的帮助。

这个是马云对整个产业链的布局，哪怕电影最后不赚钱，其实对马云来讲，也都是必要的。因为中国的娱乐，未来又是一个大发展趋势，文化产业也是个大发展趋势，娱乐又能赚钱，从战略布局来说，马云又需要这一块，我相信这个布局再过几年，大家就能看明白了。

现在看娱乐业这个布局有一点点游离，这个是大家可能都看不懂的一块。

战略部署六：移动产业

在移动战略里面，马云收购了很多公司，这些公司都是相互独立的，很多人认为这些公司没有形成一个合力，其实最后践行也像财务投资的感觉。

其实阿里巴巴基本上不搞财务投资，这一定是战略布局的需要。马云投资哪个公司，其实那个公司价值贵一点，便宜一点，对马云的全局影响并不大，这就是整个战略布局的需要。

你要看他某一个投资，有可能并不合算，比如说本来是个上市公司，他买的时候，控股了之后股价反而跌了，从这个角度看，这个投资是不合算的，但是你要看整个阿里巴巴的一个生态圈，其实还是非常有价值的。

马云、支付宝、孙正义

之前网上很多人争论马云，说没有征求孙正义和杨致远的同意就把公司弄到自己的名下。其实任何一个人，他只要是名人，不管是企业界的、娱乐界的，还是哪一界，必然就有忠实粉丝，也有一批是他的死对头，马云也免不了。

在美国这么多上市公司，不都是那个结构吗，都是VIE（可变利益实体）结构。

那些争论的人又没有见过孙正义，怎么知道没经过对方同意呢？这个争论都是很多人自己定的，“假设没有经过对方同意就这么搞了”之类的，其实孙正义说过，他是同意的，杨致远那边也是同意的。

这个争论最初是先有个人说孙正义他们没同意，然后开始进行批判，所以这个基础就不成立。

如果这两个人有一个不同意，是做不成这个事的。董事会就过不了，董事会搞不了后面不都是没有了。我听过很多批判马云的东西，基本上都是以假设为前提的，这样的话根本就是个伪命题。

有个笑话，说邻居家最近买了一辆很好的跑车，然后问日本人怎么看，日本人就说我向他学习，他怎么发的财，怎么赚的钱。如果是美国人呢，就说我研究一下他这个赚钱方式。中国人就会说，那今天晚上我就把车给他砸了去。当然这是个笑话了。

在马云取得这么大的成功，尤其上市之后，他的个人财富用数字能衡量时，反对马云的人会更多。

其实马云对个人财富反而看得比较淡。我最近一次见他时，他就跟我讨论，因为他不能用公司的钱，所以在上完市之后，他要把个人的钱拿一部分去建个大学，就是“淘宝大学”。他和我说了很多，拿多少钱，这个大学准备怎么做，甚至还希望我能到大学去给他当教授。从这件事上，我觉得马云是“挥金如土”，因为他知道培养人很重要。

我觉得中国一批创业成功的人，其实财富观大部分都差不多。马云也是其中一个吧，也不能说他做的有什么特别，因为很多成功的人都是这样——当钱多到一定程度的时候，他看钱的后面不再是钞票、车子、房子，而就是一个衡量指标，就是个数字，反应不是那么太敏感。马云就是相对不那么敏感的，他也不会去算上完市之后到底有多少钱了。

用毛泽东思想指导经营

马云也是一个向毛泽东学习很多的人。其实中国企业家用毛泽东思想的还挺多。毛泽东的思想，他的精髓，包括一些哲学思想、一些方法论，对于我们做企业，尤其是“打天下”的时候，确实很实用。

我们搞企业就是打天下。我要做一个产品，要开拓市场，首先，看毛泽东的轨迹，第一个要强调“马列主义要和中国的实际相结合”。这个就是他和王明、博古他们的差异，最后历史还是选择了毛泽东，抛弃了王明和博古，说明毛泽东这个是成功的。搞企业也是这样，不能照搬照抄书本知识，课本上的东西不一定适合每一个企业。

毛泽东在1947年总结了土地革命战争、抗日战争和解放战争初期的经验教训，提出了“十大军事原则”。这个原则，其实有很多是很适合今天中国企业的。后来的解放战争，其实基本上都没有跳出他总结的“十大军事原则”，这个在《毛选》里面都有的。

比如说如果攻占一个城市的时候说“不打无把握之仗”，和敌人要打的话一定要有把握再打。毛泽东引用的应该是《孙子兵法》里面的话：“如果攻占一个城市的时候，必须要三到五倍于敌人才能围住；然后攻击的时候，又不能全面攻击，要选一两个突破点，主要的兵力用于这个方向。”

搞企业也是这样，你上一个项目，没有充分的把握，就是没有准备得很充足，没有把人才、资金、技术准备很充足，其实上项目是挺危险的。

毛泽东还有一句话是“不计较一城一池的得失，关键是要歼灭敌人有生力量”。这一点他就比蒋介石高明。蒋介石丢了一个城市，他就会很生气。我们这个共产党和国民党打的时候，丢了一个城池，毛泽东不在乎，根本不把它当一回事，但是要歼灭对方一个旅，毛泽东就很开心。所以开始的时候，敌强我弱，解放战争，我们共产党就是靠这种“不计较城池，你要占城市我让给你，但是我就是抓住机会把你一个旅一个旅吃了”，后来一下双方力量就平衡了，最后解放军就超过了国民党的军队。

对于我们企业来说，有生力量其实就是说我这个企业最关键的点。最关键的点是什么，就去抓那个。对于有些不太重要的，比如说像别人对你的评价问题，再比如你的企业的总资产，这些不一定是最重要的。最重要的还是你的核心竞争力，你的利润情况怎么样。

很多现在成功的企业、企业家，尤其是打天下的创业者，去跟他聊毛泽东思想，但凡是人数规模比较多的企业，他们肯定都研究过，而且基本上都认可，大家观点基本上是一致的。

马云的用人之道

现在的企业分成几个阶段，第一个阶段是靠创业的老板自己亲自干活的；第二个阶段就是靠团队干活的，老板相对来说不冲到第一线了，只是指挥；到第三个阶段，其实就是靠文化了。这个是要企业规模和企业人数大到一定程度，大到老板已经指挥不动的时候，就是老板搞文化、制定规则，这个时候就只能看文化了。

马云在阿里巴巴内部建立的文化非常好，能干的人能出得来，能到合适的位置，还能有很足的干劲。马云不断在培养他的团队，把团队下面人都快逼疯了，逼下面的人学习、研究、上进，还从外面再请人来，再逼。

他那个公司内部人才济济，不过我对他下面的人的了解，相对少一些，只是认识吧，认识几个，不是很多。他这个团队确实很棒，我认识一些人是因为曾经去给他的核心团队讲课，是马云让我去的，大概有个三四十人。

这个为什么不叫座谈叫讲课？他让我讲一下我这个脑白金从开始到后面怎么做起来的。其实可能想给他的团队增加一些营销方面的知识，马云很在乎他这个团队的成长。

其实马云的大多数决策，最初创立这个想法的不是他本人，而是下面的团队，他是最后拍板的人。他给下面的压力很大，你干得不好马上就撤你，他这一点做得很好，很不讲情面。

马云的员工都很亢奋，亢奋就意味着，他们在不断地思考，在干活，在交学费，这些人才会成长。那些80、85后，90后，再过几年也能出很多高管。

我刚刚做脑白金的时候，我学的其实主要来自于联想。联想其实是制造业，还不是互联网。制造业的经验，对其他传统行业也都是适合的，在当时联想应该算是最好的一个，我觉得是最实用的。但如果套在互联网的文化里，其实是有问题的：互联网是个轻资产，它是要靠一帮年轻人，靠一帮“疯子”去敢想、敢干，所以阿里巴巴的文化和传统文化，比如说和我的公司，和联想的企业文化，其实差异还是挺大的。

这些马云是怎么想到的呢？马云战略那么能干，文化也这么能干，两个都做得很好，他怎么想出来的呢？

马云自己琢磨过，如果一个干部在管一个部门，管满了24个月以后，他的激情就会下降，所以马云一般不超过两年，就会把整个部门打乱一次。该换岗的换岗，该拆散的拆散，该合并的合并。

其实这个他琢磨得比较透，要是传统企业就不敢那么干，因为一打乱了就全乱了，而互联网企业不怕。所以互联网企业更加需要创新，更需要那些第一次听不切合实际的想法，然后不断完善，很多时候最后就实现了。

阿里上市中的马云

马云最忙的时候应该是在上市之前以及刚上完市这段时间，一旦上完市之后，马云应该没有以前那么忙了。对马云来说，我觉得他重点管的还是战略、方向性的东西；第二就是管人，他会管核心干部，再加上合理的考核机制，所以他现在很多细节其实是不管的。对日常事务，其实马云管的还是越来越少，但是马云也很苦恼，因为政策和法规上有一些阻碍。

这个有两个方面。

第一个，中国现在的国家领导人很重视，要管住“政府的手”。但是这需要一个过程，过去的制度太多了，就是这个不准，那个不准的东西太多了，从改革开放前就有，改革开放后又不断地增加。不过现在政府已经发现了这个问题，也在调整。

第二个，是“惯性”，就是政府对老百姓，对一些弱势群体想多保护一些，然后想干预一些企业行为。这个已经形成惯性了，所以像新生事物出来的时候，他们因为惯性的存在，可能就想多去干预一些。这个本意是好的，就是企业做事挺难的，做一件事十几个部门都过来说不许。

有一天马云跟我说，平均两三天就有一个工作组进驻他公司，是各个部门的，中央一级的、省一级的、市一级的，纵向的、横向的，涉及到三四十个部门，就是查他有没有违规，或者他下一步的工作是不是可能会违规之类的。

不过马云还是很抗压的，最多压力大的时候，发两句牢骚也就过去了，他还是很坚强的。

我也相信马云是不会违规的，因为他刚开始的时候，就要求下面的人，严格按照规矩来。比如我举一个例子。那时候淘宝还不大的时候，很多人通过淘宝充值，这样马云就有了很多流动资金，在银行存了很多钱。存钱就有了利息，但马云讲："这个利息一定不能动，因为这个利息不是我们的。"

一般的企业存钱，这个利息当然是企业的了，或者说，这个利息动用不了，那我借给别人，让它生钱还是可以的吧。这是常规理解，但马云研究过法规，应该说这个利息不知道谁的，所以按照法规上是不能领取的，马云不明确这个利息是他的，所以告诉员工这个利息不能动。

他一开始就严格要求自己，所以他也会这么要求下面的人不能够违规，而且要违规还会追究员工的责任。他管得还是挺严的，这跟他的指导思想有关，就是一切东西要安全第一，不能违规。

阿里上市给创业者的启示

马云强调过："你刚创业的时候，很小的时候，别去空谈那些战略。首先要想你的产品、你的服务是什么，你把这个东西做好，就是不要空想。"

不仅创业者应该学马云，大企业家更应该学，因为马云是一个大的标杆，像马云这种标杆很少。

中国的电子商务，在世界上本来是没我们一席之地的，人家都说美国怎么怎么，阿里巴巴一上市之后，全世界都知道，这个做得最大的、最先进的、走到世界最前面的是中国的电子商务，而不是美国。在这方面，马云对中国是做出了很大的贡献。

马云很谦虚

马云做大了之后，自我膨胀的感觉肯定是有的，毕竟马云是人不是神。但是他有时候话说一半自己就刹住了，因为他有两面性。作为一个正常人的一面，比如说光棍节“双十一”的活动，量很大，他就很开心地在那儿说，但是说一半就刹住了，因为另外理智的一面告诉他，这个事不能骄傲。

不过他炫耀的不多，所以我也没多少机会泼他冷水。他那个光棍节的数据，我们看了都目瞪口呆，也没有理由去泼冷水。

总结

刚认识马云的时候，当时我问他2004年的数据的时候，阿里巴巴年收入是3.59个亿，现在也可以查出来的，因为有报表，招股说明书里能看出来；2006年，在香港上市前的财报是13亿多，其实那个并不大，为什么阿里巴巴的发展这么快，像坐了火箭似的？

这就是互联网的力量，也只有在互联网时代才会有这种情形。而且中国就只有一个马云，要是换个人，那当时有公司三个亿可能到现在也就只能做到三十亿，足见马云的功底非常深厚。另外他这个思想，我觉得也是有高度的。

看着马云，我们应该反思，但是想让中国每个企业家都成为马云，是不可能的，第二个马云也不知道什么时候能出现呢。

扫一扫，看视频

02

冯 仑

马云讲很多道理，但不怎么装

马云表达的那个状态非常好；再一个，他跟人讲话的时候，非常之自信，而且有感染力，对未来非常有信心，也始终在讲未来。他表达的时候一直有这种坚定性和对未来的洞察力，以及对一件事情毋庸置疑的自信。这种力量实际上让人听完以后，没有怀疑的余地。

作者简介

冯仑

他是商界思想家，带领万通前进20年，守正出奇，践行理想，筑梦踏实；

他是民营企业的布道者，体察历史，探究现实，勤于思考，乐于分享；

他是社会公益的先行者，从学习国外先进到成立万通公益基金会，发起爱佑华夏慈善基金会、壹基金公益基金会和阿拉善（SEE）生态协会……知行合一；

他是一个平和的人，有着智者光辉和仁者魅力；

他又是一个行者，穿越阿富汗直面战乱，跋涉非洲草原与猛兽对谈，深入不丹行修幸福，徒步戈壁锤炼意志，骑行宝岛丰满理想；

他，就是冯仑。

曾经想写马云

如果有机会，可以更多表达的话，我觉得可以让很多朋友来讲讲马云的不同侧面。大家一起描述一个完整的、生动的、真实的共同朋友，一定会更有趣。因为每个朋友看他的角度都不一样。

我原来想在《理想丰满》里写马云。后来因为在《野蛮生长》里写了牟其中，写了王石，我发现写书这个事，在很公开地写一些人的时候，尤其写一些同时代的人的时候，尺寸挺难把握。我写《野蛮生长》还涉及到一些其他人，后来有一个“其他人”还差点起诉我。

之后我写《理想丰满》，本来也想写马云，或者写柳传志，写一个比较典型性的企业家，但是最终我放弃了，而是写了俩90后小孩，我觉得这玩意儿不要紧了吧。我跟这两个典型的90后聊天，聊到些什么，大概能表明他们的价值观和对未来的看法就可以了。所以在《理想丰满》里，我换了个角度。

有力量的表达者

我其实想不起究竟什么时候第一次见马云。两个人认识很久了，有时候突然被问起这个问题，一下子还是想不起来。但具体要说第一次见马云是做什么事，那大概是好多年以前，在西湖边的“西湖论剑”。“西湖论剑”是马云他们做的一个论坛。当时除了他，还有几个做互联网的，只有我是外行。

当时是几个人一起去杭州，离现在大概有八九年的样子，那应该是我第一次见到马云。但是我知道马云是相当早之前的。“相当早”的原因是大概十多年前，我们万通有一部分做天使投资、风险投资的业务，当时是王功权在管。那时候王功权投了内地的“易趣”——易趣实际上是拷贝美国的eBay——所以他之后就经常跟我唠叨，说他这个投资的竞争对手有一个叫淘宝，是一个叫马云的人在做这个事。

后来有一些网商大会，我和马云在一起聊天的时候，就开始关注他了，我感觉到他是一个非常有力量的表达者，马云表达的那个状态非常好；再一个，他跟人讲话的时候，非常之自信，而且有感染力，对未来非常有信心，也始终在讲未来。

总的来说，我对马云是先闻其名，后来才见到他，再后来又一起做了些活动，让我逐渐感觉到这个瘦瘦的身体里有着一股强大的力量。

这就是我对马云最初的一个印象。

马云有种让人毋庸置疑的自信

我喜欢听马云讲，为什么喜欢听他讲呢?

因为他在讲未来的时候有那种坚定性，他表达的时候一直有这种坚定性和对未来的洞察力，以及对一件事情毋庸置疑的自信。这种力量实际上让人听完以后，没有怀疑的余地。

另外，我讲事情会讲很多，实际上是想给大家很多角度的启发；马云给人讲，相当于给你打开了一扇门，你只管往前走，你不会怀疑。

但听我讲就发现“门”挺多，你自己还得琢磨从哪个门进去，哪个门出来，所以感觉是不一样的。所以，听完他讲，你会觉得要跟他走，听完我讲觉得，“哎呦，原来事情是这样的，我还得琢磨琢磨。”我也许讲的很多是让人停下来，而他讲的很多是让人一直往前走。当然语言风格、习惯那都是不重要的，我觉得更重要的是听完以后的感觉。

有时候去杭州，会去阿里巴巴跟他聊聊，偶尔也会去参加阿里巴巴的活动，有的时候一天的活动，但他会演讲好多次，中间休息有时候也会讲。

不光是我，我发现其他一起去的朋友，都很认真地听；每一次听完马云讲的以后，我们都觉得很有紧迫感，感觉一定要往那个方向去，再不往那个方向去就可能错过一个前进的机会。这可能就是马云表达感染力之强的最好体现吧。

马云不装

我最欣赏和钦佩马云的哪个特质呢？就是在非常自信表达的过程中，他不装。

他讲过很多道理，但是你会觉得这个道理，他是发自内心讲的。我知道还有一些人可能也讲同一个道理，但同样的道理被马云讲出来，你觉得他真没装，是这么回事。

比如他讲“股东第三”。这是一般人不敢讲的，去路演的时候都是股东第一，但他就是真讲这个，“客户第一，员工第二，股东第三。”有些人讲这个事的时候，不够坦率，可能想：“现在反正路演，先把这个投资人打点好了再说，当然是股东第一”，马云就是不装，他坚持客户第一，他这样想，就这么做，并且就要说出来。

马云非常之坦诚，非常之直率，非常之不装。即使在朋友之间，他认为你有什么事情，就会直接说出来，会把你的“上衣”扒掉，毫不留情地给你留个底裤。他不是真扒你衣服，而是从语言上就把你扒光了。

很多人不大容易做到这些，马云事业能够发展的一个很重要的原因，就是他真诚、直率，而且对未来执着的追求。

人一装成本就会很高。比如说一个人大冬天穿个棉袄，这叫“装”还是叫“保暖”，有时候分不清楚。但你夏天穿个棉袄，大家一看就是“装”。夏天穿一点点这叫“不装”，穿多了就叫“装”，而且大家很清楚，这个人大夏天穿棉袄，要么是身体确实病了，要么就是装的，一定是有什么别的企图。

形式和内容恰到好处，这个时候你给大家的感觉是真实自然的。马云在所有的表达当中，并不是捡你喜欢的讲，他是捡他自己认为正确的，甚至可能你不喜欢，但他觉得对你有帮助的讲。这是按照古代人说，这叫“诤友”。诤友就是能够不管你有什么感受，说一些真实的话出来，然后帮助到你。我觉得这是一个“挺哥们儿”的状态。

有人说我说话也不装，比马云更稍微“圆润”一点，这可能也是我失败的地方。而且我岁数大点，吃过的亏比他多点。所以我语言也比较直白，但我会比他略微世故一点。

我的人生经验导致，可能在有些事情上我太过照顾到方方面面。说得好一点叫“世故”，说得不好一点就是“原则性不是特别强”。但我觉得马云，包括王石、柳传志，他们身上都有这个特点，他们和朋友讲话，你即使不愿意听，但他认为是对的，都会直接表达出来。我好像还做不到这一点，所以这就是差距了。

我们做的是“未来”，十年后见

在追求梦想这个问题上，其实这是很多企业家都共同有的特质。马云对于梦想的执着、坚持，我非常感同身受。原因也当然是我自己也是每天在为一个执着的梦想而奋斗。我看到过很有意思的一个事情。马云在最初创办公司的时候，带着他的伙伴到长城照了一张照片，然后他讲：“要办一个世界上最伟大的公司。”这个时候就是个“梦想”。但是经过了十几年，变成了“现实”。

其实我在创办初期也是这样，有天晚上，记得我跟王功权在海南的海边聊天，我们两个人回头一看后边好多工地。我们当时的梦想就是，这个城市的发展，有这么多房子，这些房子里如果有一栋大厦跟我们有关就好了，那时候其实我们什么都没有。若干年以后，我到了国贸，我们有一次碰面，突然发现国贸这一带我们哥几个建的房子还不少，跟我们有关的房子远不止一栋。

其实很多事情心里有，嘴上讲，抬头迈步去做，结果就会有。首先得“心里有”，心里有嘴里才会讲出来，讲出来以后才能迈步去做，最后结果真的就有了。很多时候不是这个事情找不找你，而是你心里有没有这样一个坚持和梦想。我容易被马云感动的原因，在于他每次讲梦想的时候，我都在心里特别鼓掌，因为我觉得这是真的，我信这件事。

也可能有一些人不信“梦想”，觉得你说这个事就没人信，觉得你这事不靠谱。我记得前一段时间，马云特别讲到一个事，就是说：“我做的事是‘当时’没人说是对的，因为我都是做的‘未来’。那就十年以后见，八年以后见。”

这让我同样感同身受，我做“立体城市”，六年前开始，大家都说不靠谱，但我自己知道靠谱。然后我跟一起做的一个同事讲：“你就等着五年以后，这五年所有人都反对你，但每年都会减少，你就看减少多少；等到五年以后，所有的人都说你正确。就像你追一个女孩子，第一次追，她说你神经病，你每天都说‘我爱你’，不信你说五年、说十年，有一天你突然不说，她会觉得自己做错了什么，‘怎么他不说了呢？我难道做错事了吗？’你就抱着这个状态，天天折腾。”后来过了三四年的时候，我问他们现在怎么样，他们说：“现在大家好像都还挺支持我们，不太有人怀疑了。”我说：“你看，比我们想象的还快。”我觉得，只要你坚持梦想，这事总会有的。

从这个角度来说，我和马云有些惺惺相惜。很多企业家在谈到梦想的时候，眼睛都是放光的。马云尤其如此。

我现在在做房地产，也做一些创业的业务，我就看创业的年轻人他谈着事情时，对梦想激动不激动，他不能把自己搞激动了，我就觉得这事不靠谱。

你先得把自己搞定，搞激动，才能把别人感染，最后把别人搞定；把别人搞定，才能把这个世界摆平，这件事情才有可能做出来。

我们看到马云对梦想的执着的目光，所以他这个“老师”比我好。我在党校当老师的时候是教领导干部的，所以老是有一些话我不敢跟他们说，不敢教育他们。马云在梦想面前的执着和坚定性，确实很容易感染我。

马云的敌人趋于无形

我和马云都属于一旦确立了一个梦想，就会坚持下去，不管这个过程中别人怎么说的人——当年马云算是第一个把“互联网”带到中国来的人，但当时没有人相信他。所以今天当开始做一件事情的时候，有人跟我讲难，我就觉得，如果都是不难的事情找你，你有那么好的运气吗？

一般来说，每一个创业者最开始的时候，难是很正常的，因为当时的格局是既定的了，你从“底下”长出来，就像一颗种子要发芽，一开始浮土会压着你；你稍微大一点，碎石子会压着你；你再大一点，大石块就会压着你；你更大的时候，大树就挡住你了；最后你也变成大树的时候，风可能会就把你吹倒了，“木秀于林风必摧之”。到最后风也是你的敌人，你会发现你越大，你的敌人越无形。

当你从一颗种子一直长成棵大树的过程中，你开始是和有形的人斗争、作对，他们来“破坏”你；当你成为一棵大树的时候，风必摧之，风是怎么样呢？风有丰富内容，有大王之风、有小臣之风，各种各样的风。

马云今天已经是一棵“大树”了，所以他面对的压力都不是我们常人能感觉到的，是“风”。风起于青萍之末，最后变成一个什么浊气也好，清气也好，都会成为一个巨大的力量——这个风开始很柔弱，最后会变得很强硬。

台风到十二级的时候，你骑自行车撞都撞不过，台风会把你刮倒。我骑过一次自行车，撞上了十二级台风，那个风跟墙一样硬。所以在这样一个过程中，马云能够把企业办到今天这样，所面对的压力、对手和危险以及挑战，他都能一个一个地承受，我觉得这是他真的信这个梦想，他把梦想当真。他要不当真，就不可能有这么大毅力。而一旦有这样的毅力，他就能接受各种挑战，从小石子到石块，再到现在风的挑战。

阿里巴巴做成这样巨形企业以后，实际上压力和挑战是无形的，根本看不见，敌人在哪里也不知道。一个美国人跟我讲“我不知道敌人在哪里”，所有人都和我一起笑，而马云今天的处境就是这样的。

大树根深也要适当妥协

马云现在作为一棵“大树”，面对着每天四面八方的风，日日夜夜，他应该做好哪些准备呢?

你去看大树怎么对付这个风，第一根要扎得深，这很简单。第二上半截要适当弯一点，这就是大树对风的态度。下盘根要扎得很深，但是在树梢，树的上半端要随着不断的风势稍微弯一点，也就是适当的妥协。而中间是不动的，这样才能保持不断。马云基本上就达到了这种所谓的柔软或者妥协的状态，因为所有的挑战，看不到的这些压力，我觉得目前马云都还化解了。如果没有化解，他也不能够上市，不能够进一步地得到这么多投资人的信任。作为一棵大树，始终要把握的就是这样，根要稳，要扎得深，同时要适当地妥协，这是大树教给我们的智慧。

三人行必有我师

我有发自内心的一个感受，中国的企业家，尤其我的这些朋友里面，我最钦佩的有三个人：王石、柳传志还有马云，他们于我，给过很多激励，给过很多建议，在一些重要的时候也给过我一些启发，所以我非常感念。

人都是这样，近朱者赤，我还有很多这样好的企业家朋友，他们分布在企业家俱乐部、泰山会、华夏同学会等各个优秀组织中，这些朋友每个人身上都有一些闪光的特质，而这些特质实际上都是我发展当中学习和获得滋养的地方。只不过这三个人的个性比较鲜明，将他们作代表提出来。

实际上，除了他们三个以外，我觉得整个中国优秀的企业家，特别是现在年轻的、层出不穷的新创业者，未来都是我很大的一个学习的榜样，我也有很多需要跟他们讨教的地方，而且这些“需要”我觉得会越来越多。

只要我还在做事情，那就应该“三人行必有我师”，更何况我周围有这么多好的企业家，优秀的企业家，他们就是最好的老师。

我是有点“太过爱学习”，有时候学的有点多。那天有一个朋友说，你就是读书太多，知道的事儿太多。我觉得这是有道理的。知道的事太多就会有很多迟疑，就给自己留下的解释太多。所以我现在也会把目标聚焦一下，从每一个人身上学一点，然后就能更坚定地把我身后的企业“万通”给办好，这样我会非常高兴。

我从马云身上学到挺多的，比如他对价值观的坚持。因为我们企业也有反省文化，也有我们自己的内训学校，也有我们自己内部的迷你MBA。马云跟我讲，他对价值观是坚持用一票否决制的，而且这个占KPI权重很重，等等。对我来说，我非常同意这样的一个做法，所以也对自己的企业加大权重考核、坚持价值观。万通的价值观是要“守正出奇”，“以正合，以奇胜”。

有一次马云让我去参加他们一个活动，让我看阿里人怎么改变自己，当时马云请的演讲者是阿里巴巴的CEO卫哲，请他讲进入阿里几年之后的一个改变，讲对职业经理人的看法，我都很受启发。

我的公司也是对职业经理人有一个考核和内部培养，我们怎么能够把握一个分寸，不迷信职业经理人的流程？听了马云和阿里巴巴员工的故事，我还是认为应该更多地关注内部员工成长、培养自己的职业经理人切入为好。

和马云的这些交流让我很受启发，所以隔一段我们都会聚聚一起探讨聊聊。

马云给出的信号非常清晰

在企业管理上，我和马云最大的区别其实是性格区别。万通如果说存在最需要改进的“缺陷”，应该是在速度、执行上。这其实跟我个性的缺陷有关系。

马云他很坚定，他给出的信号会非常清晰，也包括王石，包括老柳。即使他们平时朋友之间做事，给的信号、给大家的边界也都很清楚，所以大家都跟着往那儿走，效率就会高。比如说柳传志每次出门就不许司机迟到，那是很清晰的。

而我跟大家说了以后，大家如果不做，我有时候内心也就原谅了。这个“边界”，就不是一个生与死之间的边界。要说这件事情非常清晰，给的边界应该是“你不这么做我就踹死你”。我基本上是先不做，等一下，慢慢想明白再做。这样跟随我的团队，他们得到的正面压力不够。

在企业管理中，“问责”我做得也不够坚决。比起他马云、王石来说，我的企业在执行方面，在坚定性方面，就像一个战队在执行任务的坚定性上会很迟疑，动作比较慢，所以错过一些机会，致使发展的速度和我的预期有很大的差距。

所以光有梦想、光坚定不行。论毅力大家都很坚定，但具体到一件事情的管理上，我就很难做到“零容忍”，这个是我的缺陷。

举个例子，我跟老柳好多年以前老讲这个故事，我们俩在香格里拉吃饭谈事，谈完事出来以后到门口，我就打电话叫司机，而柳传志一到门口，车就开过来了。他就说：“小冯，这个要管理。司机的工作就是得盯着门。你出来不用着急，你想什么时候出来就什么时候出来，而不用出来的时候再打电话找司机。”这个差距，我就记得特别深刻。

柳总在每一个小事情上都这么坚持管理的准确性、原则性。当然，联想管得很好。而我对司机这块的要求就是，晚点就晚点，也无所谓，打个电话差个五分钟、十分钟没什么大事，就这么着吧。也不批评，也不要求。但如果公司中其他事情也类似这样，给大家的“缝”就会特别大，这个队伍带得就不够整齐、不够坚定。

万通将每年9月13日定为“公司反省日”，从董事长、总经理到基层员工，都可以对公司内部管理、文化、发展提出批评、建议，进行自我反省，这个反省文化已经坚持了20多年，最近我自己也在反省。在做很多调整，要改变组织和人事的架构，要把这个缺陷克服掉。我也应该改变自己。

项目不分大小，执着坚定如一

马云对一件事情的执着和认真，我印象很深刻。

我们有一次去不丹旅行，当时在不丹安排了一家机构，是我们大概十七八个朋友一起投资的一家旅行机构，叫“太美”。这家机构非常小。在这个过程中，马云给他们开会，给他们讲商业模式，讲愿景，讲要求。当时去的还有沈国军、我，好多人，都是投资人，但我们好像就不关心这个事，而马云却花了很长时间给他们讲。沈国军也没上心，我也没上心，大家只是玩，但是马云不因为这个投资量小而放弃对它的认真。这个是有差距的。我对这件事处理得就比较弹性，跟我的性格有关，觉得大家高兴就行了。但那一次，马云有一个晚上加一个白天，都一直在跟那个团队交流。

另外，比如说壹基金在创办的时候，马云跟李连杰，也为创办的事谈了好几宿，谈价值观、理念，都是一种特别认真执着的态度。

我也认真也执着，但如果马云做到十分，我最多做到六分。还有一些人，比如像任正非，他军人出身，可能一瞪眼，别人就做到七分了。

我的很多员工非常喜欢我的这种心软、宽容，但是这样事就耽误了。就是说大家很喜欢我，都觉得这人挺好，也不批评人，但是除非我撞上大运了，公司的经理人执行力很强，而且也很有责任心，能把事情坚定地去执行，那我就撞上运气了。

我们早期六个人的时候，我跟王功权、潘石屹就属于相互配合的。因为他们俩执行很坚定，说话非常清晰，我们只要一商量，这个事方向清楚了，那效果就出来了。如果我的一个合作的伙伴，跟我的性格也差不多，那可不就是耽误事了吗？

我和马云都喜欢表达

马云脑子里有根弦永远是绷在那儿的，可能也正是这种性格上的互补，所以我跟马云比较融洽。有一些企业家比较深沉，思考时间很长，做得很远，但是不愿意表达出来，而我和马云都是比较愿意把自己的想法拿出来，大家互相交流分享的类型。马云属于很愿意表达，很愿意跟大家分享，我觉得跟他当过老师有很大关系。我正好也是比较愿意表达的人，也愿意分享，所以我们在一起聊天还是非常开心的。

记得我俩有一次一起坐飞机，本来是想要休息，但是正好在飞机上换到一起，结果一路上一直在那儿聊天。所以我和马云还有一些朋友一起旅行的时候都不会寂寞。我是被生活蹂躏得比较久，所以很多屌丝习惯、屌丝语言。以前这些东西要放在老一辈人看，都属于不太正经的表达，有了互联网了以后，大家反而很能接受屌丝语言，而且都可以说了。要搁在三十年、四十年前，你见一个陌生人都叫

“亲”，这是有问题的。

现在大家都宽容，表达的范围，选择的词汇都很多，表达的状态也比较轻松。我们是赶上个挺幸运的时代，在表达上没有太多的障碍，也有利于我们想法、经验都能够尽快地分享。

马云的英语是可以谈恋爱的

我和马云都是“泰山会”的成员，会里每年都有一段时间组织旅行。出国的时候，我英文还行，而马云的英语，是可以用来谈恋爱的英语。

我老开玩笑，说我的英语像五岁小孩，看见哥哥姐姐拉手，知道是拉手，不知道那是谈恋爱；马云的英语就是知道谈恋爱，而且还能说出来是恋爱，已经很自如了。我只是说懵懵懂懂的，好像是属于知道一点，又有点还不明白的这种感觉。日常的一些小事没问题，认真开会谈事儿是不行的。我们出去旅游，自己开会当然是中文，但是在处理一些事情的时候，偶尔也就马云可以抵挡一下，谁叫他曾经是英语老师呢。

马云也侠骨柔肠

马云的心胸非常开阔，很照顾朋友的感受，同时也很关照他的员工和他的家人，我觉得这个做得非常好。比如他上市，或者说有一个好的投资机会，有一个好玩的事，都愿意跟朋友分享。如果到了杭州约着吃饭，他会约到家里，和夫人一起。

马云很兼顾家庭，时常和太太一起，而不是像很多人都在外面跑，天天和朋友聊天，不着家。所以他说既然是朋友来了，可以在家吃饭。这是两者兼顾的一个方法。在很多企业家里，应该说马云算是很“侠骨柔肠”的一个人。

马云始终跟着年轻人在塑造未来

我和马云，一个是在互联网界做电商的，一个是做房地产的，其实分界还是挺大的，但是一路走来我们的交集越来越多。

我记得马云他们挺早就安排底下的人跟我们联系，就是他们要做一些互联网的社区。因为他发现了，现在年轻人住在一个社区，投递的包裹越来越多，这样的话，他就希望能够有这么个社区，一个小区里面有一个小的物流体系，一个小邮局，然后他就找我讨论怎么样来打造这个未来社区，这是他最初的想法。后来他们不断发展，现在做成了菜鸟物流。

马云始终是跟着年轻人的消费行为、生活习性以及他们的价值观、精神追求来不断塑造未来。他电商发展了以后，购物中心每年减少的面积是10%到15%。都挪哪儿去了？物流仓库增加了。这些变化都是他们造成的。

而且马云在一次电商的活动当中讲，要把房价往下打击。我当时就说，以后没准房价这事不是政府来定，而是未来的这一代年轻人来定的，是由网络所相关的这么多大众人群影响的。所以我们的市场也好，发展的业务模式也好，要特别关注他们的动态。

2013年“双十一”，马云说淘宝当天收入是三百五十个亿，然后任总（任志强）给泼冷水说三百亿也就是几块地钱，而每一天全国平均的房屋销售量都超过一百五十个亿。

任总比我大七岁，我比马云大概大五岁，所以我在中间折中想了一下双方的不同观点。我认为，必须看到互联网电商对房地产，特别是商业不动产、社区巨大的一个影响力。但同时当下我们也要照顾到曾经的这些房地产原有的格局。所以这是个缓慢的变化，不是一天就能变过来的。

马云可能一下就说到了质变那一点，而任总还在量变的过程中。所以，我在他们两边看到了一些他们角度上的不同。

互联网＋房地产：未来的虚拟开发商

马云和王健林打过一个亿的赌，我觉得现在结果都已经有了。王健林王总已经完全向电商“投降”了，整个万达集团和电商这一块的很多公司有了多方面的战略合作，他们已经有这个意向。

万通这边也有了一些互联网的合作。前两天还在研究，在互联网，特别是移动互联网跟房地产之间的这种结合和创新。我们最近也做了不少的尝试和努力，特别是定制了一个平台，把房子的制造过程完全放在网上，年轻人可以在网上自由地选择和定制不同的地块、不同城市、不同类型的房子。另外开发商也完全开放，传统的开发商在这个平台上，由实体的商家，变成了一个虚拟的商家。

我们在做这样一种变革的尝试，使房子的建筑过程，能够完全变得开放，很多人可以参与，而且很容易降低房子的成本，给大家提供一个更好的服务，也能够更快地把这个房子造出来。

当然现在还只是开始，我希望能够在未来几年里，看到这个平台的成功。此外，我相信不久的将来，我们也可能会去马云的淘宝、天猫上卖房子。

马云的坚定直接更有利于商业谈判

马云很坚定、很直接的表达方式和我“四两拨千斤”的表达方式相比，从商业上、谈判的角度，马云更胜我一筹。

在公司这么多年，我发现自己不怎么会谈钱，为什么呢？因为我太能理解大家了，和马云的原则性和灵活性处理比较，我有时候妥协的有点多。这两种方式，是工作方法不同，马云这个性格的清晰和原则性，会让他去跟人谈事的时候也比较清晰。而我，说好听点吧，叫“圆容”，就是比较能够照顾到大家的想法。

但真正到商业利益上的时候，我有时候会不够坚持，所以我尽量避免直接去跟人谈钱，而是让团队去跟人谈，谈到坚持不下的时候，我再来发挥我的特点，把一个复杂的事怎么给它弄成。团队也知道，关键利益都是他们去谈，然后遇到困难、特别复杂的事情，我能够帮他们化解，这是我能够做的事情。所以大家的角色不一样。

我自己一个人是很难成功的，一定要有一个搭档去做。二十多年，我每一件事情做得好坏，都取决于跟谁搭档。但是马总、柳总、王总，他们比我能干，他们团队只要围着他转，就能够做得很好。我是一个人只有一半能力，还得再有一个人和我合起来，然后形成一个完整的能力，之后再让团队的人围着我们转，才能把事做成。

其实我说这些并不是因为我谦虚。“善处下者而驭上”，我知道自己低在哪儿。其实我心是想着很高的地方，人如果说不知道自己“低”在哪里，说明你根本不知道“高”是什么。

上市只是马云的又一次“创造”

阿里巴巴很牛，但是其实马云很不轻松，他要承受“无形的风”的压力。

阿里巴巴包括马云，从一颗小小的种子，然后现在已经发展成一棵大树，在纽交所上市，整个数额也是纽交所的一个“Big Deal”。现在很多人都说这个事意义非凡，我觉得阿里巴巴做的事情，叫做改变、创造。马云改变了我们很多行为方式，他创造了很多我们认为不可能的业绩和未来，每天都做这样的事情。所以对他所能创造的变化，我从来都不怀疑，无非就是又改变了一次。

阿里巴巴在纽约上市，这是一个巨大的事件，引起了全世界投资人的关注。在美国上市不像在香港，美国资本监管非常之复杂，挑战非常之难，所以把“中国企业”真正变成了国际性的企业，这也是马云的创造。

阿里巴巴，最开始只是“杭州人的阿里巴巴”，再变成了“中国年轻人的阿里巴巴”，到阿里巴巴整个国际性的电商业务布局开始，它已经变成“整个中国人的阿里巴巴”了，下一步就快变成“全地球人的阿里巴巴”了。

面对这种改变和创造，我觉得上市只不过是马云小小的一个过程：上市很重要，但和未来他想要的东西比，这事不重要，是小事。

阿里巴巴已经变成了一个符号，这个符号是所有年轻的一代和地球上所有跟电商有关的人心中的一个符号。所以马云承担的责任也非常之大，现在我们也看到马云对公益环境还有很多其他的布局。

马云这是本事大，责任大；责任大，风险就大。别人的期待越高，失望也就越高。这种胶着，将是马云后面的人生每天面对的。有很多人对马云很期待、很推崇，但是也有很多人表示很失望，很多人认为他是一个“梦想”，很多人认为他可能责任尽得还不够，总之天天都是这么胶着。

所以马云不再是一个“自然人”，他是一个“超级社会人”、超级商业符号。在这之间马云能找到多少自己真正的快乐，只能靠他自己来平衡了。

对马云的忠告

马云说得挺多，但我相信他们公司的公关部门和他别的一些朋友也会这样觉得，马云说的时候也要稍微“搂着点”。不能因为会讲，就把这个能力用过了。我觉得，他这个能力需要克制一下。

但是克制又不等于完全不说，所以这个度是很难把握的，很难十全十美。反正我对自己的要求，是在网络上，在各种各样的圈子、群里，不要说太多，少说一点，克制一点；在开会、工作的时候，那该说的还是要说。

朋友间的娱乐

我和马云还有其他几个朋友，有时候会一块出去旅行。我们出去旅行的时候每个人个性都很鲜明，我和张耀对社会特有兴趣，都到那犄角旮旯去研究那个古怪的事。张耀特别爱吃，还特别会做饭，所以在餐馆里时，他天天到后厨去指挥人怎么做饭。

马云会打牌，还有一些人，像王兵还有沈国军，他们有时候打打德州扑克。马云也会参加他们那一组，现在柳总他们都参加这一组。我因为不太打牌，所以他们几个朋友打牌时候，我偶尔在边上聊聊天，看着。还有的人喜欢打高尔夫，史玉柱就是喜欢抽烟，有时候起得比较晚。

我们每个人都有各自的特点，大家凑在一起挺好玩的。

在这里面，马云不是最活跃的一个人，但是属于大家特别爱听他说的那个人。每次都是马云发言最多，而且马云一发言别人就不说话了，都听他说。

我们前一段在广西开公司年会，总结的时候，马云就讲得很认真，讲得很高大上。大家都很安静的，都全神贯注听，轮到我这，大家的眼神都变了，都在那儿乐，也都知道我接下来会用哪个套路，都是期待我讲，都知道我讲的肯定很“低俗”。当然我也确实准备了。

人说讲道理要深入浅出，我恰好是“浅入深出”，因为我很反对“深入浅出”，“深”（表达太严肃深奥）就没法“入”（引人入胜），谁跟着你“入”？累不累？所以一定是浅入（通俗表达）。“深出”就是大家回家自己琢磨去，能琢磨出来就算真正听明白这个事儿了，没琢磨出来就乐一下。“浅入浅出”也可以，就跟听个相声，高兴高兴。

哥们儿马云

平时我和马云在交往中，我们就互相称“哥们儿”。就比如在“来往”里面就会说：“哥们儿，什么事？”

我记得马云是没有加入微信的。所以以前有时候我们是用电话，发个短信，现在跟马云通信工具一般就用“来往”了，因为我觉得用“来往”和他说最快。

我们“来往”里面有一个群，大家都很活跃地在那儿说事，有时候顺便吆喝一嗓子，都挺好。我微信用得不多，我不爱说，偶尔有事的时候会说一下。不过圈子里的聊天我都看着，因为我好琢磨，好研究，所以每天都研究他们都在干什么。

从最近的“来往”里面来看，我觉得上市这段时间马云还是很开心的。

扫一扫，看视频

03

任志强

马云是不拘一格的人

马云是一个把“未来”放在平时工作思路、观点里的年轻人。他表现出来的是“我不甘寂寞，我要努力去寻找一个属于自己的事业”。马云是个不拘一格的人，我最欣赏的实际上是他不受现有条件的框框，往“未来”去想。

作者简介

任志强，原华远地产董事长，阿拉善SEE生态协会理事，北京市第九、第十、第十一届政协委员。

他出身红二代，入伍九年，最后以地产商为人所知。人称“大炮”的任志强有个口出狂言爱“放炮”的嗜好，每遇出头露脸的机会，都放出一段惊人的语录，而且由于观点尖锐，受到广泛争议，尽管如此任志强依然我行我素地继续发表着他的言论。

任志强在中国房地产界里颇有“任我行”的味道，年过半百仍展示强悍的“愤青”作风。他或许是一个狂妄的人，是一个十分张扬的人，但他更是一个十分率真的人，不像有的商人，说话吞吞吐吐，或避而不答，或答非所问。他不仅有问必答，而且锋芒毕露，敢于说真话。

初识马云

我跟马云认识是在一次会议上，当时和他并不是特别熟。那次会议之后，有一次我因为房地产的事情到杭州去开一个会，刚到酒店的时候，马云就给我打来了电话，说一定要来拜访我。说到了杭州，他一定要尽尽地主之谊，要来见一次面，想请我吃一顿饭之类的。那时候可能因为我的名气比他还大吧。当然我没有吃饭，但和他聊得很愉快。

我们认识十多年了，刚认识的时候，他还是比较年轻的。我对他的第一印象，马云是一个把“未来”放在平时工作思路、观点里的年轻人。他表现出来的是“我不甘寂寞，我要努力去寻找一个属于自己的事业”。这个可能是我对他比较强烈的一个认识。

像发酵一样发展的马云

后来我和马云就越见越多了，对他的了解也多了。

最初的时候，我并不了解他的淘宝，或者网络的一些东西。那个时候，我更注意的是已经在市场上比较有影响的一些人，而马云那时候刚刚起步。但马云的发展速度是很快的，就很短的几年，马云就从默默无闻一下子迅速地就膨胀了。我们都需要通过很长很长一段时间才能让企业奠定一定的基础，或者说取得一定的发展，但马云就像发酵一样，速度很快。

我和马云最大的差别，他是以年轻人为主，或者说以消费者为主的。马云可以让最普通的人或者最底层的人用很少钱来进行创业。对我来说，面对的可能是少数的人群。因为能买得起房子的人，愿意住好房子的人在现今社会中应该说是少数人群。这可能是我们在产品或行业之间的差别。

我们属于比较老的一代人，思维跟不上他。他比我们要快得多，特别是关于高科技、网络上的东西，我们一开始还不熟悉，还沉醉在传统行业中的时候，而他们已经开辟了一个新的天地。所以代与代之间的差别是非常明显的。

一起做公益

我和马云有一个共同的东西就是都在从事公益。在公益活动中可能我们“代”的差别就没有了，公益变成了我们一个共同的东西。

公益活动对成功的企业家来说，甚至对普通人来说，都是非常重要的。不仅仅是有了钱，你才能做公益，有的时候付出的是时间，而不仅仅是金钱。

做公益没有年龄上的差别、时代的差别，所有人都能做。在从事公益活动中我们可能很容易走到一起，年龄上或者客户群上的分别问题都不存在了，因为都是同一个目标。

马云和我做的相当一部分公益是共同的，都是为了环保。所以在环保公益问题上，或者大自然保护公益问题上，我们就更容易谈到一起。我们每一次公益活动，都在寻找一个共同的目标。比如说做公益活动的时候，他会从他的角度出发，我会从我的角度出发，但最终能找到一个共同点。所以大自然基金会和我们阿拉善之间有很多合作。

去年《赢在中国·蓝天碧水间》这个栏目，马云从阿里出了一部分钱。这个栏目是两队人代表两个基金会进行很激烈的角逐，而最终取得的成果，一部分钱转移到马云的大自然基金会里，另一部分转移到我们的阿拉善项目。这个栏目里，两个队既有共同的部分，也有需要互相争夺的部分。但大家的目标都很清楚，就是这个钱要用于自然环保。

我和马云之间有很多印象很深刻的东西。

马云更注重打太极拳，而我更注重打高尔夫。但不管是在亚布力论坛的问题上，还是在自然环保的问题上，还是在其他一些问题上，我们合作的东西越来越多了，并不会因为我愿意打高尔夫，而他愿意打太极拳，这中间就产生什么隔阂。

少读励志书

人生活在这个世界上，常常都有共同点的，而有些别的事情就不一定非要相同。比如说，马云也来参加我们的读书会，但是他跟大家讲的却是希望大家不要读书。

有些人觉得，马云去参加读书会为什么说不读书呢？其实他是说不要读那些“不必要”的书，或者说不要读那些专门写给年轻人的励志书。那些励志书，可能是最害人的书。应该要读的是和自己的业务，或者和自己生活兴趣有关的一些书。

所以即使是在一个同样的大标题下，每个人却有不同的理解，这就能彰显每个人不同的特点。不是说你说什么我就听什么，你说什么我就一定要做什么，而是有自己的独立性。这也是非常重要的。

年轻人更着眼未来

我也去参加了阿里巴巴的年会。马云在舞台上唱歌，然后宣布自己准备退休，换一个新人来主持大局，这个我们都听见了。事后我们也谈了很多退休之后的事情，马云认为不仅仅要把眼光放在企业上，而更多要考虑的是把眼光放在“未来”。

我们这代人和马云这代年轻人之间的一个重大差别就在于，他们在新科技的时代中，想未来的东西比我们想的更远，而我们可能更注重传统的东西和演变的过程；他们可能一下跨越，就比我们更高更远一些。这个是值得我们去认真学习的，是我们身上所缺少的东西。

高科技改变生活，互联网加速高科技发展

马云说过一句话：“互联网将改变人类生活的方方面面”，这个话现在更是广为流传。

我对这句话的看法是，高科技随时在改变我们的生活。

互联网只是高科技的一部分，马云从事互联网，所以他把互联网看得非常重。但在我们这代人大部分生活的时代里，或者我们一辈子的大部分时间，是没有网络，没有计算机，甚至电视和收音机都是一个稀缺品。现今，手机、计算机已经普及到各个家庭了，甚至三岁的孩子都拿着iPad。这个是时代发展变化，更多的不仅仅是互联网，而应该说是整个高科技发展的过程。

如果没有高科技发展，那么光有互联网也是不够的。比如电影、录像这些传播方式，过去它也存在，但是这些传播可能是通过电视，是比较慢的一个方式。有了互联网以后，高科技进步发展，传播速度

就比电视、比原来固有的屏幕要快得多得多。因为移动性，原来的一些慢速传播的东西就变成每一个人随时都可以接触的。这个不仅仅是有互联网，如果没有手机做媒介也不行。

所以现在这个时代是一切高科技的总和，而网络把所有高科技的点都连在一起。比如手机、录像机、电视，可能每一个都是珍珠，但如果把所有的珍珠串在一起，变成一串珍珠项链，可能就需要互联网。

所有的高科技都在改变人的生活，改变这个世界。在现状中，互联网是非常重要的东西，但以后可能还有更高级的东西。比如说，云计算可能越来越多开始进入到家庭中了。它和互联网相关，但实际上它是互联网的升级。大数据也越来越多进入家庭了，仅仅有互联网还不够，还得有大数据去分析。

有了互联网以后，或者有了高科技手段以后，数据收集都会发生变化。就像我们做一个统计调查，过去统计调查要用文字的方式完成以后再汇总、上报，但现在即使初级的统计点上就可以用手机的方式，直接把信息传到我们的统计局，这个变化是非常非常大的。

房地产是现场体验式行业

相比马云的互联网行业，我们房地产行业现在还属于比较落后的一个阶段。从房地产业来说，它有一个和别的行业不一样的特点，就是它的不可移动性。房地产之所以叫“不动产”，就是它不能移动，土地是不能移动的，房屋也不能移动。

由于房地产的不可移动性，所以它会发展得慢一点。实际上现在的房地产行业，在销售、看样的过程中，已经越来越多开始用网络去寻找客户了。但不管怎么样，房地产也摆脱不了“不可移动性”，因为客户转了一圈回来以后，他还是要住到房子里去，还是要到那个不可移动的地方去，他们离不开这些东西。

所以美国也好，中国也好，在别的行业发展速度已经对互联网有更大依赖的时候，房地产却还没有到那种直接依赖互联网的地步。

标准化的一些东西很容易在网上实现，比如书。书是标准文本，所以在两个地方买到的书是一样的，不会多一个字少一个字；但房子不一样，它不是标准产品，它可能这里会多出来一厘米，那个地儿多出一个窗户，某个地方多出个灯，等等。所以房地产除了用互联网做一些普及性的宣传和销售工作以外，还是需要真实的感觉性的。我们可能把它叫作“现场体验式”，就像现在的商业活动一样，有些商业活动可以在网上实现，但并不是所有商业活动都能在网上实现，可能还有现场体验式的活动。

美国有个网站专门卖眼镜框——眼镜框是美国除了书本以外，比较早在网络上进行销售的另一个产品——这个网站发现在有体验店的地方和没有体验店的地方，网站的销售量会差10%到20%。人们可能更容易把这个眼镜架在自己的脸上或者鼻子上，感觉一下舒服不舒服，哪个更好看、更适合自己的脸形，而不仅仅是在网上看看这个眼镜框怎么样、是什么东西做的。

“打破原来”和“固守原来”

马云是个不拘一格的人，我最欣赏的实际上是他不受现有条件的框框，往未来去想。

我们现在和他的差别在于，做房地产的要盖一百多个章，这一百多个章，没任何一个都不能突破现实，所以只能固守在传统条件下。

我们的思维、我们的工作方法都和马云有巨大的差别，马云他们的互联网是一个以虚拟为主的东西，网络是看不见摸不着的，虚拟经济为主控。所以马云会把自己的工作方法和思想都打开了，他不受这些限制性条件的约束。所以在没有约束的情况下他发展更快，有约束的时候，他就想办法突破这些约束去发展。

所以现在的很多企业管理者就一定不能受限制。如果马云的思想受到各种各样的限制，没有突破能力的话，他就不可能有这么高速的发展。高科技的特征就是要打破原来的，否则就不会有突破了。

“打破原来”和“固守原来”是完全不一样的。

我们的行业有一些一定要固守的传统，比如说建筑风格，可能是一千年以前的建筑风格，可能是徽派建筑风格等等，这些是追随传统的东西。而马云是打破传统的东西，把过去的东西都打碎了，重新建立一条新的制度和新的体系。

比如说互联网金融。尽管在美国和其他发达国家也有一些东西，但没有像马云一样想出了一个更新的点子、方法把它突破。

这个是对中国非常重要的，中国最缺少的就是思想的开放，所以改革之初就讲的是“解放思想”。现在也同样，如果把思维的方式放在一个笼子里捆住了以后就很难去突破，而马云恰恰有能够自我突破的思维方式。

马云应该更结合传统

如果完全不顾传统的东西，也可能犯很多错误。最好是在两者之间有所结合，一方面要有所突破，另外一方面也不能把传统都扔了。

比如，在我们读书会上，马云说“最好不读书”，听不懂的人可能就误解了，或者媒体传播出去之后，就变成了好像马云是不读书的。

马云觉得自己不太读书，所以他推荐不出来太多书。但是对他有作用的一些书，他可能认真去读了好几遍也觉得还没读够，还要再读。其实马云也在追求传统，比如说佛、道这些东西，他也在追随。但可能只是在他的工作方面或者他经营的方面，很难看到这些东西罢了。

如果马云在言论、在行为上把这两者都能结合起来，他能赢得更多的“观众”。

马云在2013年“双十一”的时候，销售额是350亿元，他说这将让房地产商感到震撼。我当时就给他在微博上回了一个，说这只是我们一个企业、一个楼盘或者卖几块地的钱。我觉得，马云对这两者之间差别还没太弄懂，这可能是他的缺点，就是我们属于传统的东西，我觉得有些他还没搞懂。

为什么这些传统行业不能像他一样？可能他就不知道我们这样的房产企业，一个项目中间要盖一百多个章，如果没有这一百多个章可能就会出问题。比如说没有消防章行吗，没有人防章行吗？不行。这些章实际上是对土地的约束和对房屋的安全性的约束。但马云他们可能不需要盖一百多个章。用户如果说这个商品不好了，那就可以给用户换，还能再上个保险。但我们房地产企业不行。

当然马云他们电商的运送量可能比我们大多了，因为我们是不移动的，他是移动的。所以他们就需要一个巨大的物流来帮助完成这三百多亿的移动，我们要做三百多亿的话也许不需要他这么多物流运输，这也是传统行业和新型行业之间的差别。

马云认为“双十一”的销售额几百个亿已经很高很高了，三百多亿对一个地产商来说其实不完全是很难做到的东西。从我们行业来说，去年房地产一年的销售额是八万多亿，而电商的年销售额只有一万多亿，这个差别还是巨大的。即使他们再提升提升，到四万亿、五万亿，那也还是一个巨大的差别。房地产的八万多亿，如果除一除天数，那每天销售都有两百亿。

这就是行业差别，可能马云对事情的认识应该说是有点想当然了吧，可能他还没有完全认识到很多传统企业，所以我觉得他还有很多缺点。

监管应该对马云更开放一些

在之前政府限制互联网金融产品的支付额度，就是限制转账的事时，我当时发了两条微博支持马云。

结果中国人民银行的刘士余副行长就对我非常有意见，上次开会的时候，刘士余副行长对我说："我跟你有什么仇啊，你这么批评我？"

我说："我跟你没仇，但是我认为这是个全社会的事情，不是我个人的事情。我认为应该支持互联网金融，至少你要允许马云试试。不管可能有什么样的问题，你应该用一种开放的心态去进行监管，这是你的权力。政府有监管的权力，要防范对老百姓造成的伤害、对社会造成的伤害，但不是用'禁'的方法。"

我们都知道大禹治水的故事，而大禹治水之前实际上也有人治水。那为什么前任们治水的问题没有解决好呢？因为他们用的方法是

“堵”，每个地方都堵，结果每个地方都发大水。而大禹治水做的是“疏”而不是“堵”。在网络这样的新事物上，我们过于传统了。可能因为我们对新鲜事物接触不足，所以我们经常会用“堵”的办法。

对社会来说，尤其是我们建立市场经济的时候，最好的管理办法是“开”。当时国家就提出了“改革开放”，就是说光有改革没有开放是不够的，只有开放了才能实现改革。

李瑞环委员长那时候曾经说过：“对外开放，必然会有‘蚊子’‘苍蝇’飞进来，打‘蚊子’‘苍蝇’不等于就是不开放，也不能因为有‘蚊子’‘苍蝇’飞进来就不开门。”

所以是用“关窗户”来解决问题，还是用“开放”解决问题，是我们现实生活中面临的一个考验。如果我们一直都“关窗户”，那一定是错的。

马云成功的启示

齐白石当年说过一句话:“学我者生，似我者死。”意思是，你可以学我作画的技术，但是你要按照我的画去学，画得很像我的画，那就死了，因为你永远不会超过我。对马云也是这样，马云的成功是不可复制的。

你一定要做一个淘宝网，一定要做个什么东西，然后跟马云走同样的路，是不可能的。我们说“学而生”，就是你要学马云的精神，比如说学他多次创业失败，但仍然在努力创业的一种精神；学他在别人都没想到某些东西的时候，他想到某些东西——B2C、B2B。可能有的人也想到了，但是淘宝网的方式让大家进行B2B的这种做法，这是马云想出来的，而且还给实现了。你可能之前也在网上开店，但是你只是开单店，而不是一个组合性的东西，那这种思想思维方法就要变的。

再比如说，马云现在的互联网金融，为什么央行就没想到呢？那些大银行为什么没做这些事情？所以学马云学的是他的精神，学他独立思考能力，学他不受现有环境的约束而去闯一条新路，这都是要学的。

我们这些做企业的都经历过很多很多失败，但现在网上有人发私信给我说，你借我点钱吧，我会还你，我会怎么怎么样。很多人把很多心思放到这上头，恨不得每天发一个私信，但他们要是把那时间用于学习和干别的，可能早就发财了。这种人绝对是我认为不可救药的，他们老等着天上掉馅饼。好像有了钱，他们就能怎么样似的。这不现实。因为有多少钱，他们都会失败，因为他们没有思维能力，没有“我要打破传统，创造一个新的东西”的这种精神。

因此我们在每一次读书会上都特别强调，我不是给你一个答案，也不是要给你一个标准东西，让你学了之后按这个套路走，我们是要你独立思考。当你有独立思考能力之后，什么问题都能解决，因为是你们自己需要解决的，所以能想到最适合于你自己的一种方法。

阿里巴巴IPO的意义

9月，阿里巴巴在美国IPO，这次是美国史上规模最大的科技企业IPO，我觉得这事最重大的意义，应该是“提醒中国政府”：为什么我们的很多好企业都没有在中国上市，而是跑到美国上市了？马云这次IPO的影响效应，一定让国内更多的好企业跑到美国去上市，而不是让在美国已经上市的中国企业回到中国股市来。

如果我作为一个执政者，我会很深刻地去考虑这个问题。

美国允许中国的企业在他们国家搞巨大额度的IPO，为什么人家的制度能允许，我们的制度不能允许？这是我们真正应该思考的问题。美国并没有说，你是中国企业，我的资金不能给你，不能让你拿着我们的钱去发展中国。

我们中国不是这样。因为一些管理上和限制上的条件，导致我们很多好的企业不能在中国进行上市。这说明中国的资本市场太差了，而不是太好了。而且阿里巴巴IPO吸收的额度越大越说明这个问题。如果它仅仅赚了十块钱、二十块钱的话，那谁都能做得到，那就看不出美国市场和中国市场的差距，但现在我们看到的是中国市场和美国市场的巨大差别。

这可能是更应该引起整个社会重视的东西，尤其是应该引起我们的管理者重视的东西。

送给马云的话

马云是我的好伙伴，其实我们很多问题都有共同的想法，我们也有很多公益活动上的合作。

对阿里巴巴上市，我认为这是中国的一个奇迹，说明这个优秀的企业在国际资本市场是被充分认识的。

一个企业的好坏不在于媒体给予它什么评价，而在于资本市场能给它什么评价。因为资本市场的人更实惠，他们不图虚名，他们只要赚钱。如果资本市场投资者能够充分信任这个企业，那么我觉得这个企业就是已经被社会所认可的最好的企业。

我们可以看看世界上已经成功的这些企业大概都是这样，就是因为有无数的投资者在支持它、信任它，才让这个企业成为资本市场中的佼佼者。

所以，我祝福马云和阿里巴巴，希望他们能走得更高更远。

 扫一扫，看视频

04

刘永好

马云很会创新，很会学习

马云很会创新，很会学习，他会到处看，到处走，到处沟通。凡是发觉对他企业有帮助的事情，那么他就会去做；对他企业不会有帮助的事，他也会去了解。他学习的精神奠定了他的知识面，所以当别人没有做互联网营销，没有这样市场的推广的时候，他去做了。

作者简介

刘永好，生于1951年9月，四川成都人，新希望集团董事长，中国民生银行副董事长，第十二届全国人大代表。

1982年，刘永好与三位兄长一道，在四川成都新津县农村创业，并在80年代末期转向饲料生产。1992年注册成立希望集团。1995年，希望集团被中国国家工商局评选为全国500家最大私营企业第一名。

1996年，刘永好组建了新希望集团。今天，新希望集团已拥有8万余名员工，产业涉及农牧与食品、化工与资源、房产与基础设施、金融与投资等领域。

曾担任全国工商联第七、第八届副主席，连任第九、第十届全国政协会议常委会委员，第十、第十一届全国政协经济委员会副主任，2006年、2010年两次荣获“CCTV中国经济年度人物”。

在日本认识了马云

马云创立阿里巴巴不久的时候，我们就认识了。第一反应，我觉得“阿里巴巴”这个名字好熟悉，是中东的一个传说故事中的人物，就像中国的“孙悟空”。互联网的企业比较开放，比较大胆，比较有特色，所以敢用这样的名字。

有一次日本的经团联搞了一个论坛，邀请我去参加。整个大会去了大概一千多个人，一个大会议堂全部都坐满了，日本最重要的企业都去了，包括松下、东芝、夏普、丰田、日立这些大企业。

当时我做了个演讲，讲的是中国经济的发展和我们的成长。当时中国经济总体规模还不大，日本人不太了解中国的私营企业情况，但是我讲了以后，反响还是比较热烈的。我讲完下台之后，很多人给我递名片，很多人希望跟我能够建立沟通和交流，也有很多人希望我们在日本做一些投资、发展、合作。

大概十来分钟之后，我被工作人员护送着往外走，突然我发现一个人，个子不高，这不是马云嘛。

马云说："刚才听到你的讲话，讲得挺好的。"我说："你也在这开会啊？"他说："我也在这开会，你什么时候来的？"我说："我昨天来的。"他说："我比你早来两天。"我说："京都我不太熟悉，我第一次来。京都有什么好看的、好玩的，我确实不懂。"他说："这样吧，我带你去。"马云这个人，一直都是很热情的。

后来，我还和他说，我不会讲日文，他说："我会讲英文啊，这里的人，会讲英文的很多。而且我还来过这里，我带你去逛逛。"结果整个下午，他就带我到京都的皇宫、古城墙去了。经过一个公园时，他说给我讲那个公园里面，京都早年的一些事儿，当时的武士，日本的历史、建筑、人文。我当时就觉得马云很厉害啊，个子小小的，怎么懂那么多东西。

同时他和我谈了他过去的经历，他对日本的了解，对日本建筑的理解，谈对这次会议的看法，谈企业发展，谈互联网；他觉得互联网今后会有大的发展。

我也跟他谈了我的一些见解，但是我们完全没谈投资，没谈钱的事情。其实那次假如我主动地说"你要投资吗？那么我投一点"，或许我们共同来做，那么今天可能就没有雅虎，就没有软银的事了，今天就会是新的格局了。

这就是“长江后浪推前浪”，总是这样的。当今互联网发展浩浩荡荡，马云是走在前列的，他是先驱，而我在传统产业方面也走在前列。

传统产业，特别是我从事的农业和食品行业已经有上千年历史了，而且今天还在做。这个最传统的行业见到了最现代、最新潮的行业的领军人物。所以我们那次碰撞比较有意思。

马云好学

之前和他认识，但是并没有特别的交往，那天我印象特别深，他用了整整半天的时间陪着我，而且我们谈得很好，最后把我送到酒店。我感觉马云头脑特别灵活，特别愿意提供服务，好交朋友，对人也比较真诚，同时他知识面特别丰富，很开朗，很热情。从那个时候开始，我对马云就有了很好的印象。

马云对很多问题有自己独特的见解和看法，同时他还比较坚持自己的观点，不会随便地附和。他很执着，是懂得坚持的人。另外马云国际化的程度比较高，他的英文很好，善于和别人打交道。

马云很会创新，很会学习，他会到处看，到处走，到处沟通。凡是发觉对他企业有帮助的事情，那么他就会去做；对他企业不会有帮助的事，他也会去了解。他学习的精神奠定了他的知识面，所以当别人没有做互联网营销，没有这样市场的推广的时候，他去做了。如今他成为中国乃至全球的互联网营销的大家，跟他的知识积累、他的勇于创新、他的个性是分不开的。

关于马云的“三句半”

马云、我、史玉柱和郑俊豪，我们四个都是九月份生的，在2012年9月份，我们准备一块过生日，我们在北京的银泰中心搞了一个生日Party。当时因为是给我们四个庆生，所以我们每个人都有个“新名字”：马云叫“云娃”，我叫“好娃”，史玉柱叫“柱娃”，郑俊豪叫“豪娃”。

我没想到后来来了大概六十多个人，而这六十来个人都特别有特色。像柳传志，互联网的一些大佬，马化腾、吴鹰，我们做实业的很多企业家，也有央企的一些朋友；甚至还有时尚界、艺术界的一些朋友，像冯小刚、张国立。

结果，大家临时凑了一个小节目，我印象特别深，这个小节目叫作“三句半”，是张国立提出来的。他说，来的客人给我们四个庆生的，每个说个“三句半”。因为事先都没任何准备，所以大家只能临时来凑。说马云的那个，马化腾是第一人，第二个是吴鹰，第三个是谁我忘了，反正最后一个是柳传志。他们就说：“一个小伙个不高，能力水平非常高。粉丝排到三里屯，名字叫云娃。”

那天马云的儿子也去了，唱了歌，讲了话；我的女儿也去了，也唱了歌，讲了话，还送了几个寿星她自己准备的一些礼物，我觉得特别的愉快。

那次Party我觉得特别好，因为我们这些朋友能够在一块儿聊聊天，讨论一些生意上的事，更多的是生活化一些。这就是我们这个圈子，这就是我的一些企业家朋友，以及他们的生活。

马校长

2012年的“双十一”我去阿里巴巴过了“12点”，见证了他们当天100多亿的销售奇迹；2013年的“光棍节”我又到了杭州，参加他们现场的活动，再次见证了互联网的火爆，见证了马云创造的互联网销售的奇迹，确实对我震动非常大。

那段时间里，我们这些人经常一块儿交流，大家都希望听马云谈谈互联网，谈谈他做企业的一些方法。不知不觉，大家都叫他“校长”，请“校长”来讲讲话。我们的马校长也做了一个专门的讲话，他讲到了在新形势下，我们应该怎么样去做企业；他还讲到了互联网精神，就是互联网怎么样跟文化的结合，怎么样为更多的“屌丝”服务，为更多不起眼的普通年轻人、老百姓服务，从而创造价值的故事。这些对我们的启迪都特别大。

马云与“中国梦”

老柳和我在我们这个企业家的圈子里年龄算是比较大的，像马云他们，比我们年轻一些，比我们创业时间要晚一些，也应该说是更成功一些。这就是社会，这就是时代，这就是事业。

从全中国的角度来讲，中国的事业需要一代一代不同行业、不同年龄的企业家，像我、柳传志这样早一代的，接下来像马云、马化腾他们这一代的，之后可能还有像刘畅、柳青这些更年轻的第二代和新的企业家，以及数百万小微企业的创业者。

就是这样一代一代的企业家，一代一代的企业人，他们的努力、他们的勤奋、他们的生活构成了“中国梦”企业家的部分。

当然“中国梦”最重要的组成，是我们的员工，普普通通的老百姓，那么多的工人农民们。所以我希望马云这样的企业家出现得越多越好，希望新的创业者们、年轻人们、新的大学生们向马云学习在这个新的格局下不断地创新，不断地去创造。

或许今天是互联网、物联网的时代，今后是新的另外一些网的时代，社会是不断进步的。早年人类发现了电，发明了机器制造，发明了汽车，当时认为这些就是最先进的，到今天这些还在使用，但是最先进的已经变成互联网引导的新产业。再过五十年、一百年会怎么样不一定。

这一切给我们年轻人以希望，这一切对我们每一个人都是公平的。

企业精神的传承

企业家怎么样教育“二代”，怎么让“二代”能够健康地成长，这是个大问题。不但我和马云聊过这个话题，我们很多的企业界朋友也都在讲这个事。

这些“第二代”几乎都有相同的成长经历：在国内出生，先是在国内上学，然后到海外上学，再回来工作，在国内跟企业一块进步、成长。很多人对这些所谓“企业家二代”有这样、那样的看法和说法。

我女儿刘畅，她在第二代里，年龄稍微偏大一些，她比较朴实并且比较直率，而且还比较有号召力。大家都说她好像是第二代里的一个小小的领袖，经常联系别人一块吃饭、庆生、交流、学习甚至做慈善，她们有自己的圈子。

我觉得我们这代企业家比较勤奋，比较能吃苦，比较拼搏，比较任劳任怨；在新一代的创业人里面，也有这样的气质，但是他们在创新方面，在国际化方面，在知识的多元化方面，在跟市场接轨这方面，在文化这方面，是值得我们学习的。这就是进步，这就是发展，这就是传承。

我们都知道，人的生命是有限的，人的精力、能力也是有限的，但是社会的进步是无限的。那么怎么样让有限的企业生存能力延续下去，传承下去，这是每一个企业人都在考虑的。

所以，我们的企业要考虑不单单是交给自己的子女，更要使企业有更多的传承者。这个传承不是指传承给一个人、两个人，而是传承一个体系，传承给一帮人，站在整个社会的角度讲，传承的是企业家精神。

时代造就成功者

我跟马云，虽然说我们是一个时代的人，但是我创业的时间要早一些，从某种角度上说，我们80年代初创业的企业家是中国改革开放后最早的一代创业者，而马云他们90年代创业的是第二代了，现在创业的或许是第三代了。我们这两代，非常幸运赶上中国市场经济的发展这波大潮，赶上了我们国家从贫穷发展到比较富裕的这几十年，赶上了国家的改革开放的几十年，也赶上了互联网发展的几十年。

我们亲眼见证了中国的贫穷、发展和现在，见证了传统的产业和互联网的结合，以及移动互联网市场的变迁，我们也见证或正在推动着这个伟大的变革。我和马云这些人，以及新的创业者和以后的企业家们，将会和广大的学生、工人、农民们一道为推动“中国梦”的实现贡献我们的力量。

我们这代人在那样的历史背景下，抓住了当时的一些条件，做了我们应该做的事，也取得一定的成就，我们是感到骄傲的。但是成功的，不可能总是你，所以现在出了马云，出了一些新的互联网的“英雄”，之后还会涌现一些新的创业者。

社会就是这样，不断地创新，不断地变动，不断“后浪推前浪”。

我们应该感谢马云

马云和我们一帮企业家闲聊，他常说：“你们这帮人根本不是我的用户，我的用户是什么呢？是普通人，是最基层的一些人。”确实我们很少上网买东西，几乎都是我们的秘书或者身边人帮着买的，所以我们用得并不多。但是我们关注，我们在看，因为互联网面对的是更巨大的市场。

比如，我女儿就常常用淘宝。昨天她买了一些衣服，说是网上购的，不仅快，而且便宜，质量还挺好的。我看了之后，感触很深。现在，她们能在国外买一些东西，而且买东西这个步骤那么简单、方便，东西还便宜。这种交易的规则，生存、生活的状态和方式发生了根本的变化。以前我们要买东西必须去赶集，在农村的时候每周三、周六是赶集的，大家就一块儿到街上去，人挤人；后来有了百货大楼、商场；现在百货大楼、商场的生意慢慢地往下走，大家都在家里边，在手机上买东西，这就是社会的变化，这也是进步。

有些人说这就叫“互联网精神”，互联网不单单改变了我们企业的行为，更改变了人们基本的生活方式。所以马云他们这些人，确实很了不起。

所以有些人要感谢马云，因为他创造了一种新的模式，使得中国普通老百姓有了创业的机会，数千万的人在网上做交易；也使普通老百姓，小青年们购物更加方便了，生活更精彩了。

最后，我祝贺马云的阿里巴巴在美国上市，也希望通过在美国上市，让中国的互联网企业、其他行业的企业被国际社会所认同，同时也希望“中国制造”能被世界认同。

扫一扫，看视频

05

江南春

马云有远见，“不靠谱”

马云是属于那种不接地气的人。所谓“不接地气”就是马云跟你聊事情时，他在说的都是十年之后的事。就是他在跟你聊这件事的时候，你总是觉得这个事情不靠谱，但是你看他干着干着，就把这个事情干靠谱了。

作者简介

江南春，生于1973年，祖籍浙江宁波，生于上海，分众传媒创始人。

1994年还在大三的江南春创立了永怡广告公司，自任总经理。2003年，在广告业摸爬滚打了10年的江南春以楼宇电视开创了一个全新的广告传媒。2005年7月，分众传媒登陆美国纳斯达克。

第一次见面，我就被马云镇住了

我认识马云大概是在2003年，当时他正好要去上海的软银总部。分众传媒也是软银投资的，而且分众的办公地点就在上海软银总部的对面。那一次我们听说马云同志过来了，就跑去看了一下；见到他之后，我就邀请他来我们公司坐了一会儿——因为就在对面——顺便我就向他请教了一些问题。

我对马云同志的第一印象是，这个人长得好像蛮弱小的，但其实气场超大。所以马云一开口之后，现场我就被镇住。我已经忘记我们谈的是什么问题了，但是我只是觉得第一次被他震撼到，他整个气场就把我笼罩住，最后我只是一直听他讲他对这些问题的看法。马云同志基本上一针见血地回答了我的东西，刹那之间就把我很多的纠结和想法一枪就刺穿了，所以那时候他留下了非常深刻的印象。

我对他的第一印象就特别特别好，虽然之前已经听说过这个人了，之前传说马云是一个神人，可是真的见了面之后，我发现他更神。以前听说的时候还没有觉得，因为我觉得自己的口才也非常好，所以有人说马云同志气场、口才特别强的时候，我还没有感觉到那么大的压力。

我想，可能就是棋逢对手，碰到一个气场也很强，讲话速度也很快，语速也很快，思路也很快的人罢了。但是想不到我跟他见完面之后，就完全被他镇住。

马云更善于做“人生导师”

我和马云认识的时间蛮长的，已经过去十多年了，但我对马云印象比较深。

过去两年，马云组织过一次“阿里巴巴与四十大盗”。“四十大盗”就是他的四十个关系比较好的朋友，我是他的同学，所以也是“四十大盗”之一。后来这“四十大盗”就去参加了马云的退休仪式。

那场退休仪式给我的印象很深，马云在最后退休的仪式上，发表了他的一场讲演。我们当时是以“最后的讲演”去看的，想听听马云在最后退休的时候有什么样的感悟。我觉得他有一段话让我印象非常深。他说以后在阿里巴巴，他是一个什么角色呢，就是如果你要谈技术、谈业务千万不要找他，他听不懂。现在的年轻人谈的这些技术，他根本搞不懂说什么。但是如果你有什么人生问题想谈谈心，他欢迎你到湖畔学院，他作为湖畔学院的院长等你来喝喝茶、聊聊天、谈谈心。他在阿里巴巴未来就是这么一个角色。

这个让我们再次领悟到，马云为什么能把阿里巴巴建成这么一个伟大的公司。我觉得马云的管理，永远不是在管事，而是在管人，管好人的思想，管好人的价值观。即使马云退休下来，实质上他永远是阿里巴巴的精神灵魂，永远是阿里巴巴价值观的塑造者。

很多马云的研究者，都说他是特别善于用人的。我觉得，马云同志不仅善于用人，而且你跟他聊过之后，你的一种通透、一种悟性马上就得到了提高。所以他的主要作用不是去管业务。任何在阿里巴巴工作的人，内心出现了什么样的不平衡，出现了什么样的异动，出现了什么样的纠结；在精神价值观、生活理念、生活信念上发生什么动摇的时候，找找马云喝杯茶，很多问题就会迎刃而解。

马云是“不接地气”的代表人物

我和马云都是长江商学院毕业的同学，而且我和马云关系不错的另一个原因是我们都是浙江人，我们是老乡。

马云可以说是浙商的代表、领军人物。还有复星的郭广昌、银泰的沈国军，我相信这些都是浙江最典型、最有代表性企业的创建者。

浙商主要强在两大领域，一个我认为是消费品领域，你看到像宗庆后、宗珊珊，包括雕牌，这些在中国快消领域。他们体现了浙江人的勤奋、奋斗，能够把一个生意，把一瓶水打到这么远，打到中国任何一个角落。第二种就是以文科生为代表的一些人，马云是师范学校英文专业毕业的，我是华东师大学中文出身的……我们文科系出身的人，可能都有一些不切实际的想法，有些颠覆性的想法。当然我觉得相比马云来说，我就太现实了，他才属于严重的“不切实际”。

马云是属于那种“不接地气”的人。所谓不接地气就是马云跟你聊事情时，他在说的都是十年之后的事。就是他在跟你聊这件事的时候，你总是觉得这个事情不靠谱，但是你看他干着干着，就把这个事情干靠谱了。

我觉得马云谈事情时，很少跟你谈当下的、今天的业务和模式，他脑海里想的事情都是不切实际，基本上是五年、十年之后可能会发生的事情。当然我也不是说他每一件事情都做对了，但是他想的事情的确很少着眼于当下，都是五年、十年之后可能对今天的商业生态，对今天中国人的生活会有很大影响的事情。

我和马云的关系有很多种，老乡，同学，他是我前辈，我们是竞争对手和合作伙伴。但用“同学”比较容易概括我们俩的关系。因为我们很多交往都是从“同学”当中发生的。而且同学的关系，第一更随和；第二以这个关系可以从马云身上学到很多东西。

我们平时很多的往来也基本上是以“同学会”的形式展开的，我们的同学会经常组织我们互访，我们也经常走访他的阿里巴巴公司，听听他们企业的发展给我们每个企业所带来的启示。

马云的阿里巴巴是一个非常开放的公司，欢迎很多人来。有一次大家集中去的时候，很多人很惊讶，因为看到了很多穿过阿里巴巴办公室的人的照片。穿过阿里巴巴办公室的人有马化腾同志，有李彦宏同志……甚至马云还请了阿里巴巴各大事业体的总经理来跟大家分享他们产业的发展，一点都不避讳今天好像是竞争对手的关系。所以我一直开玩笑说，所有竞争对手都已经跑到阿里巴巴内部来了。这就是阿里巴巴的一种开放的态度。

今天中国互联网行业中，阿里巴巴能被别人学走的，都不是它的核心竞争力，这是由阿里巴巴的气量、马云的能力以及他的远见所决定的。

“可怕”的马云

我对马云同志最大的欣赏点就是“远见”。他看东西的思路跟别人最大的区别是，他永远看到别人看不见的东西。我觉得在我们思维范围之内或者实业范围之内看不见的东西，他可能站在今天已经想了，并且他很喜欢去干那种很难、不太可能成功的事情。

因为十年之后的判断，很多人即使想到也不会落地去做的。而马云是那种把十年之后的事情想彻底了，想清楚了，并且从今天开始出发，用直觉去做未来的幻想和对未来的探索。但是他又用非常实干的理性，每一天向着十年之后那个目标一步一步去迈进的人，所以我觉得这是他比较“可怕”的地方。

很多企业家都很实干，很多企业家也很吃苦，还有着高学历，有着很多漂亮的背景，马云并不一定拥有这些，那为什么马云能成为今天的马云呢?

我觉得这就是天性，就像有人说“奇人异象”吧。可能马云天生对这种东西有判断力。他的思维逻辑跟别人最大区别，他是站在未来看今天，我们是站在今天看未来；他是站在“外星”看“地球”，而我们是站在“地球”看“外星人”。

起步这个点的区别，决定了未来的成就。所以我就说，马云同志可能干别的事情会死得很惨，但是干互联网这个事，他的思维逻辑就最容易取得成功。

“预言家”马云

商学院的很多老师，是有非常大量的理论基础的，他们能够抛砖引玉，引发非常多的东西。但是实质上在我们一个班当中，由于有着各个企业、各个领域中精英的人才，所以每个人都能就一个话题发表出很多的东西。商学院的老师讲的是对今天历史经验的总结，他们给你很多经验累积出来的一点规律。

马云说的东西都是一种对遥远事物的预测和判断。这种预测和判断有着很多可能需要验证的地方，他属于那种用直觉去预言，但马云的这些预言都一个一个被证实。所以我觉得我们在一起的时候，我非常愿意听他去讲他对很多未来的一些看法。

马云的缺点是太完美

我觉得马云最可怕的“缺点”，就是他让别人很难找到他的弱点或者缺点。比如说我们对马云做的很多事情可能有不同的观点，我们也看到很多不同的道理，有不同的观点，但是只要看过马云同志的回应，我们就一下发觉他说的有道理，就不知不觉地被他说服了。

我记得他在退休演说上讲了一段话，他说：“你们真的认为阿里巴巴做了很多非常正确的抉择？其实就像下棋一样，我们其实臭棋无数，只是说你在外界看不到我们的臭棋无数。我们只是在关键点上走对了几步棋而已。其实我们走错的棋，远远多于你看到的走对的棋。”

其实这让我们内心稍稍有了那么点安慰，但是他这种“安慰”我们的发言不够多，使得我们经常在把自己跟马云同志对照之后，内心感觉到在处理很多事情或者做决策的时候，我们犹豫和对未来失去判断的焦虑，这些在马云同志那里好像完全不会形成，他好像始终有一个很确定的，可以往前走的方向。

我们很希望企业里面有这样的人，就是在我们迷惑的时候，有人永远指着一个对的方向。

我有时候也在怀疑，马云说的那个“对的东西”，到底是他内心真的这么强大可以预判未来，还是他也就随口说说，但由于气场太强大家也就信以为真了。而后当大家一拥而上，劲儿往一处使，拧成一股力量也把事情做成了。

有时候我无法判断出结果。

阿里巴巴上市对中国互联网企业的意义

分众2005年就在美国上市了，但这次阿里巴巴在美国的上市，是中国概念股的一次重大的转机。

中国概念股曾经在一段时间内，如我们上市的时候，受到了美国投资者的追捧，因为中国当时出现了很多跟美国模式相近的模式。比如说我们有新浪，有百度，有了很多美国模式的中国版，而且由于中国巨大的市场空间和潜力及巨大的增数，造成了美国投资者对中概股的追捧。

但是一段时间之后，美国投资者又对中国未来持续增长的环境、能力有了怀疑，经常会发出“中国经济崩溃论”这样的一种论调。这样，使得中概股整个发展受到了很多的制约。

马云上市之后，刷新了这个概念。

第一，中国出现了一个公司，在全球范围之内，至少在前一位、两位、三位，甚至马云的阿里巴巴，有机会超过Google，在未来的全球市场上创下一个由中国人主导的领域。因为阿里巴巴的整个营收，已经超越了亚马逊加eBay。所以这两大被美国人所赖以骄傲的著名的公司，被一个中国公司超越了，这才真正树立了投资者对中概股的信心，树立了中国不是美国的翻版。以前人家都说“美国的现在就是中国的未来”，我觉得我们现在阿里巴巴所创造的东西，是美国人没有想象到的很多全新模式。

阿里巴巴在美国上市的意义就在于，它让中国引领了世界互联网发展的一个重要的趋势。

分众是做不了这个事了，所以我衷心希望阿里巴巴、腾讯、百度，这三家公司如果三五年之后，成为全球互联网前三大的公司，那我作为一个中国人的话，会由此感到特别骄傲。

马云提高了中国人的效率

香港人的衣食住行、各个方面可能都跟李嘉诚扯得上关系。未来的阿里巴巴对中国人可能就有点像李嘉诚在香港的那个位置。就是咱们中国人，衣食住行、生活的各个方面，都可能会在马云的产业范围里。

事实上这些领域现在和阿里巴巴接触的概率已经形成了，在目前的接触概率上，可能已经不下于香港人对李嘉诚产业的接触。李嘉诚先生创造的巨大产业，尤其是地产、零售等等这些物质型产业，跟消费者在实体世界中的接触客观形成了一个巨大概率，和马云所形成的，在消费者的生活领域和各行各业以及从虚拟到现实各大领域中的这种接触，是可以相提并论的。并且，马云提升了这种接触的价值和效率。

看一个公司对人类的贡献，不是它的市场占有率，而是它对人类生活的美好程度、效率程度、对生产力的提高能力上是不是做到了一个更有价值的事情。所以更重要的，不仅仅是控制了多少势力，控制了多少市场份额，更重要的是在各方各面都用互联网的技术、大数据的技术，来改善消费者无论在消费还是在生活等领域效率的这种能力。这种能力的提升是中国生产力的巨大突破。

未来我相信马云从事的更多行业，不仅是使生产力提升，而且是使生活如何更美好，如何把环保做得更好，如何让中国人生活得更幸福。

今天的马云创造了很多全新的就业机会，更重要的是他把中国很多行业的效率提高了。比如说他现在的菜鸟网，就用高效率的互联网技术把物流提升了。

物流占了GDP的17%，那如何使物流的效率得到提升呢？就是减少资源浪费，比如可以用高德地图。马云的高德地图，就在如何让城市车辆更均匀，降低整个交通的堵塞方面做了很多的尝试。在用高德地图导航的过程中，用户就能知道怎么能走到最好、最优化的线路。再比如“快的打车”，能够减少出租车在马路上的空转时间，等等。

所以我认为马云提高了中国资源的利用效率和整个中国产业界的沟通效率。

伟大之人，必有伟大压力

网上有很多人都说，“假如我是马云，我会怎么怎么样。”如果有人问我是否愿意和马云交换身份的话，只问一个问题，那我肯定回答愿意，但是实际上我可能扛不住。

一个伟大的人，要承担的不仅是开创伟大的成就；更重要的是承担伟大的使命，承担伟大的挑战。由于马云所涉猎的领域太过广泛，所以他对社会的影响，必然是有一部分人觉得他非常好，也有一些人会对他有意见。这个过程当中，就是你扛得住扛不住的问题了。

让我跟马云去交换身份，我内心一百二十个愿意。但是我知道我扛不住这个事，就是换了我之后，扛不住这些伟大的挑战。我们作为一些平常的人，不一定能扛住一个伟大人物所经历的压力和挑战。

大家看到的都是马云光鲜亮丽的一面，而马云所扛住的那种巨大的压力，没有极强的心理意志力、坚定的信念，是很难扛住的。所以我是有这“贼心”，没这“贼胆”的。

我是马云的“崇拜者”

马云一定能够带领很多中国创新者前行，因为他在很多理念上，对方向的引领上，对我们有非常大的帮助。

马云在退休演讲上讲了，他认为任何决策都应该在企业的“底部”发生。如果淘宝的投诉层层不断转上来，到了马云这个层级的时候，这个事情已经完全不是原本的样子了，就是一个信息被过滤了很多遍之后，你看到的就一定不是真实的信息了。马云的解决方法是所有的授权都在底部完成，让一个客服人员直接能够应对，那客服人员靠什么能够去判断呢？靠的不是经验，而是数据科技。

马云认为通过数据科技，可以使整个管理扁平化。也就是说当一个投诉发生的时候，客服人员只要把投诉的内容输进电脑系统里，云系统立刻就会告诉你，历史上曾经发生过类似的现象，别人是怎么处理的，处理的结果如何。这样你直接做出决策，做出一个反应，效率就完全不同了。而且你做出了一个决策之后，如果圆满地解决了这个投诉，你也可以把过程输进云系统去；如果你做完了后发觉解决办法不对，最后会出现更多的问题，那你也把这个经验在云系统中写下来。

这些管理模式，让任何人可以凭借所有人的经历，对当下的东西做出最快的、最及时的判断。可以说马云的管理思想是一种互联网化的管理思想。

在互联网时代中，一个企业应该学习的就是如何用互联网的精神、互联网的思维去管理，而不再是我们传统意义上的企业管理。

云端的马云

马云为什么叫马云呢，最终就是他非要跟“云”有关。

不管马云的公司上没上市，我认为马云的“云”——云端所集成的数据科技，对未来中国的方方面面，尤其是传统产业、新媒体产业以及其他产业，都会产生非常大的影响。所以运用好这朵云上的科技，会影响中国经济的综合效率。

我认为马云的云端数据科技将是未来中国竞争力的很大体现，它能够把中国变成一个更加具有效率、更加具有进步感的模式，而不再是以资源开采、资源浪费、人力低成本为主要优势的经济模式。

扫一扫，看视频

06

李 静

马云创造着一种新的价值认知

时尚不是拎一个名牌的包，而是基于这个时代创造了一些更酷的、更新的东西，比如移动的APP，这些东西帮助人们解决很多问题。像马云这样的人，他们不仅是创造了一个成功的企业，而且创造着一种新的价值认知。

作者简介

李静，著名主持人，乐蜂网、静佳美妆品牌创始人。

1999年，李静离开央视，创办了中国第一代民营电视公司东方风行传媒，一手打造《超级访问》《美丽俏佳人》《非常静距离》……等多档王牌节目和诸多具有广泛影响力的大型品牌活动，成为中国第一批独立电视制作人。

除了被誉为“国内最具风格主持人”之外，李静也是一位成功的商界女性。2008年，李静创立由明星达人运营、自有品牌及美妆垂直电商为一体的平台——乐蜂网。同年，创办以“明星达人粉丝经济”为驱动的静佳化妆品公司，由此建立以“传媒加商贸双翼互动式产业链条”的独特商业模式。

导师马云

我是个比较感性和兴趣导向的人。作为媒体人，这种特质会帮助你成为一个优秀的主持人及电视制作人，但作为一个创业者，这种个性也许并不是一件好事。创业后，我一直试着对自己个性中某种过于感性的东西进行调整。在《赢在中国》参加比赛时，马云先生让我意识到，你的个性既是你的问题，但它也会成为让你脱颖而出的能力。因为正是那些特性，让每个人都与众不同和有不一样的能量和价值。

一次任务，因为我们对任务设置有异议，所以大家带着输掉也无所谓的心理去执行的，最后我们队输了，输了就要进小黑屋反省。马云是我们队的导师，他来和我们总结这次任务输掉的原因，大家表示不服气，质疑任务的设置。马云觉得我们应该认识到自己为什么输，因为无关能力，是我们作为比赛者的态度出了问题。他说："我们决定做一个任务时就应该去做，而不应该去质疑，要么就不去做。任务输了的时候，你们要去想一想为什么会输，赢的时候也要想一想下次如何能够继续赢。”

马云的话戳到了我们的痛处，我们并没有之前那种输了也无所谓的感觉，事实上感觉很沮丧。参赛选手都是做企业的，大家都明白，当我们决定选择做一件事，就只有一个目标，而比赛的目标就是要赢，可是我们带着输也无所谓的情绪，忘记了一个创业者该有的心态和游戏规则。

善良是每个人最大的美德

总决赛我和姚劲波、蔡明PK总冠军，任务是在菜市场上卖东西，看谁赚钱最多。我抽到的任务是在帮一个肉摊大姐卖鸡翅、带鱼，卖得还不错，但觉得肉摊大姐不容易，最后我只拿了一半的钱。

柳传志问我："你知道只拿一半钱，可能会影响自己的成绩吧。"我说知道，可是我个性就是这样，没办法。柳总说你可以赛后再把钱送回去。就在我站在台上为自己当时的"一根筋"处理方式感慨时，马云说："虽然李静没有拿到最多的钱，她给了大姐一半，但我反而看到了这个人的一种善良。一个人如果只是很会赚钱，那他只是一个成功的商人，但要成为一个企业家，必定不是只会赚钱。"

我是所有参赛者里，最不符合标准商人模式的那个，却冲进总决赛。而且我为总决赛做了充分的准备，那天站在那，我特别想赢。因为我记得马云之前说过的话：当我们决定做一件事的时候就应该投入去做，而不是质疑；要么就不做。那天我发挥很好，战胜姚劲波同学拿到总冠军。马云对我说："李静，你和姚劲波比可能他比你更有长期竞争力。但是我们选你，是因为今天你站在这里，把这里变成了你的主场。"

后来有网友给我留言说：李静你拿到《赢在中国》的总冠军就是一个bug。我从小就是一个运气不错的人，但我的好运其实并不在于我得到总冠军，而是因为这样的经历，我听到了这位创业教父对我客观的分析评价，他让我后来去思考、反省、相信和坚持自己的某些东西。我觉得这是我最大的幸运。

马云很时尚

如果有一天让我采访马云，我一定不会跟他讨教创业管理之道什么的，然后帮他总结成创业成功学去传播，这些东西已经够多了。其实我最想问他的是，“你为什么老穿这件黄衬衫和布鞋？”因为每次见他，不管什么场合他永远是这身儿，除了那次阿里巴巴纽约上市。我猜他家衣柜鞋柜拉开一定是一堆相同的衬衫和布鞋！

记得有一次比赛结束他去《赢在中国》看我们，那次难得放松一下，两队队员聚在一起吃饭，我模仿姚劲波、夏华、田宁他们平时的标志性动作，他进来的时候大家都在哈哈大笑，后来他也跟着乐。我会好奇他作为一个普通人私下里的一面，可能是因为我们媒体人喜欢更立体地去研究一个人。

像马云这样的人，他们不仅是创造了一个成功的企业，而且创造着一种新的价值认知。以前我觉得那些做互联网行业的人长得都特别像，大部分穿衣打扮都差不多，表情没那么丰富，可能并不是那么能吸引你的眼球。对互联网人，很多人跟我有一样的印象。但是真正接触了以后，我才发现他们的优秀在于“表达”，其实很多互联网行业的人都很会表达，他们的优秀还在于他们很有创造力。

我跟一些做互联网的人说：“你们是很时尚的一拨人。”他们说：“啊？我们穿着大背心、大裤衩，怎么就时尚了？”我说：“时尚不是拎一个名牌的包，而是基于这个时代创造了一些更酷的、更新的东西，比如移动的APP，这些东西帮助人们解决很多问题，可以购物、订餐、叫车，多酷啊。以前谁会想到呢？这些就是你们创造的。有些人，每一个行为都在模仿着别人，虽然他们拿的是最流行的包，穿的是最新的衣服，但在我眼中那个不时尚。你们穿着大背心、大裤衩，但是你们很时尚。”

[结语] 当马云站在纽交所的那一刻，我们每一个人都很激动，不是因为2441亿美元的市值和创造了纽交所史上最大IPO，而是因为他的成功，让我们看到相信和拥有梦想的力量。

扫一扫，看视频

07

吴 鹰

马云是一个敢闯敢赌的人

马云其实在生活中是非常有意思一个人，我对马云的很多事情印象深刻，包括淘宝一而再、再而三用免费模式，敢闯敢赌；马云看准的方向就一直往下走这些都是挺牛的。

作者简介

吴鹰，1959年出生于北京，中泽嘉盟投资基金董事长，UT斯达康创始人。吴鹰是中国第一代互联网人，也被称为当年马云获得孙正义投资时的“红娘”。

1987年吴鹰刚到美国时口袋里只有27美元，而他的UT斯达康2000年上市时，市值达100亿美元，2001年销售收入达6.27亿美元。UT斯达康最成功的产品“小灵通”，覆盖了中国300多个城市。

初识马云

我现在还能清楚地回忆起来最早认识马云的情形。马云是我们比较早的一个投资项目，这个项目就是阿里巴巴。

1995年，孙正义先生投资了我们，我们五年以后，也就是2000年上市，上市以后股票市场也还不错，成为第一个在纳斯达克上市的中国民企，市值也超过一百亿美金，我们就开始在中国进行一些投资。

当时孙正义这边没有什么中国人，机构也没有，所以我们跟孙正义一起成立了SBCVC（软银中国风险投资基金）。这家公司是由我们双方共同创立，由UT斯达康的共同创始人薛村禾先生来主持的，早期的时候，有很多事情都是我们在一起做的。

当时雅虎上市非常非常成功，所以孙正义对中国的互联网也非常有信心，就一定要投入中国的互联网公司，所以他让我们把中国的互联网公司都找过去，当时马云也在里面。

我前两年春节跟马云在三亚的时候，还听他抱怨说：“你们当年真不像话，只给了我6分钟时间。”我说：“不可能啊，怎么可能只有6分钟，6分钟的话什么事能说得清楚。”

后来我还特意问了一下当时的经事人，经事人说真的只有6分钟，就是每个人的演讲时间是6分钟，但是互动时间其实没有限制，谁说得比较棒，大家有兴趣听，那么那个人就能多说一会儿，没兴趣就拉倒。

我更正一个版本，说马云在孙正义的办公室给他做了介绍，然后在洗手间用了6分钟的时间说服了孙正义，这都是媒体的误导。

我最开始没见过马云，见他的第一眼，我觉得这人挺怪的，怎么长成这样。马云是偏后一点上来，他的穿着也最简单，一个破夹克，然后拿了半张纸。我到现在也没有机会问他，为什么是用半张纸？马云是学英文的，所以英文很好，他的语言天赋还是用上了，在那儿讲电子商务。我当时听得云山雾罩，也不太懂电子商务，就是觉得这个人很有热情，讲得也还是很清楚。

我们当时见了很多很有名的一些互联网的人，但我们一致都挺喜欢马云的。

当时孙正义对马云说了一句话，我记得特别深刻，他说：“我投资你，要让你超过某某公司。”

我们一致看好马云，就把孙正义已经决定的另外一家的投资停下来了。那也是当时很有名的一家互联网公司，那个公司的头儿现在也是我的好朋友，他有时候还和我抱怨：“如果当时投了我，现在就没有马云了。”

我说：“投了你，我们不投马云，马云也会成功的，但是投了你，钱也就泡汤了。”

一百美金加十亿美金

2005年，投资阿里巴巴已经有一段时间了，我是当时的“数字中国”的主席，就做了一个在美国的“中美IT领袖峰会”。

当时请了中国一帮IT企业的头儿和美国IT企业的头儿，杨致远、思科的老大都来了。

因为是我组织这个会，就希望多一些人来参加。马云这个人比较好玩儿，所以我们让他一定要来。他开始说会来，但后来又有什么事，时间冲突了，说来不了，反复了一两次以后，我给他打了电话，说：“你一定要来，哪怕你待两天就走，大家交流交流挺好的。”当时杨致远跟马云不熟，是孙正义介绍他们认识的。杨致远第一次和马云见面还是在我的办公室里。

这个峰会安排在美国很著名的圆石滩林克斯球场，会后就有一些人在那儿打高尔夫球。当时我和马云完全没打过球，甚至摸都没摸过高尔夫球杆。结果别人上场我们很无聊，有人就给我们安排到练习场上去学，找了一个教练，我就和马云打个赌。赌什么呢？谁打得远谁就赢，一杆定输赢，一百美金。

当时会打球的人，全是赌马云赢；不会打球的人，赌我赢。因为我比马云高大一些，所以不懂的人认为我一定会打赢。其实他们懂的人知道，一使劲那个球肯定打不着。

我抡圆了球杆，结果球原地纹丝没动，马云一杆打了七十码。他当时高兴得跳起来了，就是一个真情的流露，跟小孩子一样很开心，我就说："高尔夫球这运动可能适合你。"

我输钱了，压我的人也输了，我们还约定一年以后再比，在武侠小说里的话，等于说是挑战。一年后开始比的时候，他听说我花时间练习了高尔夫球，可能比他打得好，就和我说："商量一下，能不能让我十杆。"我说："开玩笑，怎么能让呢？你也算金庸迷，武学比武'让三招'，命可能就没了，这不是大侠风范，所以该怎么打还是怎么打。"后来这次比的时候，我就赢了马云。

其实这中间还有一些故事，第一次，马云不但赢了我一百美金，其实还赢得了雅虎十亿美金的投资。后来不知道这事为什么弄到网上去了，很多人以为那十亿美金是我投资的，还来找我投资呢。这就是"一百美金加十亿美金"的故事。

马云其实在生活中是非常有意思一个人，其实我对马云的很多事情印象深刻，包括淘宝一而再、再而三用免费模式，敢闯敢赌；马云看准的方向就一直往下走这些都是挺牛的。

当年我们投资马云的时候还没有淘宝，2003年，非典以后，马云才想到这模式。

淘宝模式加支付宝，对中国整个的信用体制都是一个颠覆和创新。

马云、孙正义，谁成就了谁？

当时这个投资算是巨额的投资，是非常贵的一个投资。很有意思的是若干年后，马云对我说了一句话：“现在有时候想想，到底是孙正义成就了我们，还是我们成就了孙正义。”

我后来想想马云也有道理。因为当年孙正义开始积累财富早，他也有资金，所以他早期投资我们，对我们帮助非常非常大。但是回过头来，某种程度上确实是阿里巴巴也成就了今天的软银、今天的孙正义。阿里巴巴成功上市，对软银来讲就是一个巨大的回报。

“性情”马云

按很多人的观点来看，马云“太讲朋友义气”。很多人会认为这是马云的缺点，但是我个人不认为这是个缺点。

第一，大家的观点是说，“讲义气”可能会影响一些判断；第二，万一朋友给你出了错的主意或者你要关照朋友的时候怎么办?

马云还是很讲原则的一个人，他不会太盲目地去“讲朋友义气”，我觉得马云就是个性情中人，“讲义气”没什么大不了的。

远见

很多人觉得马云最大的特色是他特别有远见，他可能想的不是眼前五年的事情，而是想到未来可能十年二十年，甚至五十年之后的事，而且他这些感觉、这些判断都是非常准确的。而且马云看准了就敢做，能做、能表达清楚，而且很有人格魅力。

马云自己本身的几个商业模式的确挺不错，这次上市的部分不包括阿里金融这一块，也挺有远见的，因为这一块我觉得将来也是可以做很大的。

马云也是用互联网的思维、互联网的方式去改变金融服务。现在的阿里巴巴集团，基本上已经对中国人的生活方式、成本的降低等方方面面都有巨大的影响。

阿里巴巴上市的意义

阿里巴巴上市的意义是改变了中国在国际市场的形象和对阿里巴巴下一步发展奠定了一个非常好的基础，这次融资额大概是两百亿美金，因为阿里巴巴的盈利能力已经非常强了，所以拿到这么大一个资金以后还会有更大的提升空间。可以说上市对阿里巴巴今后的发展会是一个更大的进步。

美国对上市公司的管理要求是很高的，对公司的内控结构和财务审计也是双重审计标准，内控和审计的标准是对阿里巴巴的新考验。

我们知道，前几年美国有一些公司在诋毁中国公司，确实也有中国公司做得不好，比如做假账。

马云在道德底线这件事上，是零容忍的。以前阿里巴巴被报道的一些事，大家就应该能看得很清楚。因为这些特质，所以阿里巴巴上市了，才能有这么好的盈利、这么好的发展。

现在美国投资界的第一大话题就是阿里巴巴，阿里巴巴还是一家中国公司，它的营业额很大百分比都是在中国，它还不是一个全球性的公司，就已经这么大的量了。所以我觉得马云如果能认真把这个形象做好，对中国公司在国际上形象提高是非常大的一个帮助，同时也是对中国互联网企业本身的一个促进，因为我们都知道，马云的整个奋斗史都是很励志的。

马云挺累

马云现在是首富了，你问我是否愿意和马云对换，但我就特别不希望自己是马云，因为我觉得马云挺累的，真挺累的。

现在他做点什么事，媒体都盯着，一直都在报道马云的各种“新闻”。之前有个马云打猎的新闻，其实当时他们是想体验一下怎么才能平衡环保，结果大家就说马云要做贵族。

马云跟贵族其实一点关系都没有，大家看看马云穿的衣服就不太像贵族，他对成为贵族也没什么兴趣。其实有一个比较形象的说法是“爬到屋顶上下不来了”。因为你这不小心摔下来还摔得挺疼，而且自己个人隐私好多东西都很难藏了，就是到哪儿都是一个关注点。

马云是一个挺热爱生活的人，特别爱玩。创业时，周末的时候弄一大帮人跑他家下棋，打牌，二三十双臭鞋从一楼一直摆到二楼。但马云现在要再出去，就没有这种生活了。

我以前也管过上市公司，也明白这些事情没办法，但是我是宁愿生活本身平淡一点，做个普通人比较好。

其实还有一个原因，我也没他那本事把公司弄得那么大。

互联网化是大趋势

马云现在涉足很多领域，很多人说，马云投了这么多，其实这些产业背后都有很多关联。各个行业不断被互联网化以后，会产生很多机会，行业整合就会是下面各阶段的机会。

我们作为一个投资基金来讲，在这方面也有很多布局和投资，移动互联网、互联网金融这些投资自然会和马云的一些投资有些交集。

马云在某些领域，比如说在电商方面有很多大数据，但是人们平常生活的金融消费的一些数据他没有，而我投资的公司有这方面的数据，所以我们在未来也可能合作。

虽然我们从来没谈过合作，可能到一定的时候，我们就会自然有一个交集。因为企业发展到一定的程度，“互联网化”就是大趋势。

扫一扫，看视频

08

沈国军

马云的心地很善良

马云的几个特点，第一，是心地非常善良；第二，马云在公司战略上布局非常的深远；第三，我觉得他管理的企业文化非常独特；最后一个，马云本人其实是非常爱国、爱公司、爱家的。

作者简介

沈国军，1962年7月出生，浙江宁波人，银泰集团创始人，菜鸟网络科技有限公司董事局执行主席。

作为银泰集团的创始人，沈国军带领银泰做出了一系列稳健且独具眼光的商业运作，如建立银泰商业集团、北京燕莎、杭州湖滨国际名品街，率领银泰商业在香港上市，重组“银泰资源”“京投银泰”和阿里巴巴集团创立菜鸟网络，共同发起网络银行，创立银泰公益基金会……将银泰集团打造成横跨商业零售、地产开发与经营、矿产资源以及金融投资等多个产业领域的商业帝国。

“校长”马云

认识马云到现在，我印象中应该有十年左右时间了。是在飞机上认识的，当时我们俩坐在一起，而且因为都是老乡，所以口音也很熟，当年他已经是名人了。之后我就递了一张名片给他，说：“我是银泰的沈国军。”他说：“你是银泰的沈国军，在浙江很多人都知道银泰，因为浙江有很多银泰。”

后来我们在飞机上聊，就聊得很开心。马云给我第一个印象，非常的随和、非常智慧，但是给我另外一个印象，非常的独特。我说真是长得像外星人似的。

可能很多人对马云的第一印象都是他的外形，不过我们除了私下叫他“外星人”之外，朋友圈子里对他的另一个叫法是“校长”，怎么回事呢？

马云当过老师，所以有一次我们朋友聊天时，他说今后的一个愿望是想去创办一个非常好、非常与众不同的学校，今后继续当老师。

于是我们很多朋友就说，干脆就叫“淘宝大学”好了。他说挺好，他说找几个志同道合的朋友一起当校董。那我说马云当校长好了。所以后来我们就在圈子里叫他“校长”。而且的的确确，有时候马云的言论，包括演讲的蛊惑力、激情，都确实像一个校长。

我最欣赏的马云的品质是“善良”

我和马云接触很多，我们经常在一起出差聚会，所以应该说我是非常了解马云的。

我觉得马云这个人有几个特点。

第一，是心地非常善良，这个外界可能很多人都不太知道。马云是很善良的一个人，对人对事都是这样。

第二，马云在公司战略上布局非常的深远，这也让我们圈子里的人刮目相看。他看问题是很深远的，所以阿里才有今天。

第三，我觉得他管理的企业文化非常独特。我也是经营企业的，我们圈子里有很多企业家，也会相互去考察、参观，访问过很多企业，但是我觉得阿里的企业文化在中国乃至全球都是非常独特的，这也让我们非常的钦佩。

还有一个，马云本人其实是非常爱国、爱公司、爱家的。要是有机会跟他一起出国，他跟一些外籍的合作伙伴或者国外的一些人打交道的时候，很多细节上你都会感受到，他是非常爱国的一个人。如果有人说中国这个不行、那个不行，他当场就会跟人家急了。而且马云对家里很好，他们夫妻之间关系也很好。马云在我们这圈朋友里起了一个很好的表率，一有时间他就跑回家。

当然马云也非常爱公司，如果公司遇到一些什么问题，那他是非常急的，并且在民营企业里面，像他们公司这种分配机制，可以说是没有的——阿里巴巴的股权结构，其实大部分股权都是给马云身边的一些高管、合作伙伴。他的一些主要的业务骨干，几乎所有人都有公司股票，这就意味着IPO以后，他们公司亿万富翁就有一堆。

之前也有人问我对马云的评价，我一直都说他是一个善良的人。因为我觉得，一个人善良是非常重要的。

假如一个人不善良，他就不会有好的人品；如果这个人是善良的，不管他是否有成就，起码人品没有问题。

因为马云善良，所以才会有很多人跟他去合作、交流，或者追随他。有了这个基础，这个公司才会做起来。如果一个人不善良，他要有所成是很困难的。

马云的缺点

马云最大的缺点就是“耳朵太软”，就是很多东西人与事，马云不太会拒绝。这对一个商人来说，有的时候也不是好事情。

和马云一起创业的几个人也都和我私下聊天，说：“我们马总最大的缺点就是不会拒绝。很多人去找他，一些合作伙伴或者一些生意上有一些推介、介绍，他都会很认真对待，派公司人去做一些研究等等。”很多时候，如果说什么都不拒绝的话，对自己来说也是一种压力，会有很多负面的东西。说好听点，是这个人“讲义气”，其实就是耳朵太软，不会拒绝人，也给自己添了不少乱。

马云自己其实也意识到了，但是有的时候人的个性要改还是蛮困难的，而且他自己也认为这事情也不完全是坏事情。因为如果说你经常拒绝的话，人家会觉得你谱很大。但是马云有时候也需要做一些选择，不能什么都接受。我觉得这就是马云的缺点。

马云的委屈

阿里这十几年，尤其这次IPO以后，已经成了全球最大的电子商务公司、全球IPO最大的一个企业。其实大家看到的只是马云的光环和成功的一面，所有人都看到他成功的一面，没看到包括马云本人，以及阿里整个集团的员工和高管，这十几年来不断的坚持——他们非常非常勤奋地努力和付出。也包括他们承受的压力和责任，这些大家都没看到。并且舆论也好，媒体也好，个别部门单位还对他们有很多不公正的待遇和指责，在这方面我个人认为马云承受的委屈太多。

其实应该给整个阿里巴巴，以及马云本人更多的宽容和谅解。我们应该拿出更多的支持，对马云本人，对整个阿里巴巴集团。

现在我和马云一起出差很多，有很多业务合作。在跟马云交往过程当中，我觉得他真的是承受了太多太多的委屈，这个让我印象非常深刻，男人的胸怀真是被委屈撑大的。

这种委屈，有的时候我们两个也会交流，但是有的只能他自己去承受。阿里巴巴的成功，改变了我们很多行业的创新和变革的内容。甚至有的行业，是因为有了阿里巴巴才有了现在的变革和进步。现在阿里巴巴成为了全球最大的电子商务公司，马云的成功其实也成了我们全球一代人创业的偶像，很多年轻人的偶像。

在这么一个背景下，尤其是三年前，有不少媒体不明真相一哄而上，说马云是“小偷”，就是因为支付宝VIE模式的这个事情。

那天我正好在杭州的香格里拉饭店，而马云刚刚从美国下飞机回来。他给我打电话说：“国军，你在哪儿？”我说在香格里拉，他就说要过来找我。他到了以后，我们两个人喝茶聊天，他就跟我说了这件事的过程以及他的努力付出和委屈。到后来马云自己都说不下去了，很委屈的，有点眼泪汪汪的。当时马云也没办法对公众去说去解释，那时候谁也不听他的。虽然第二天马云就开了一个新闻发布会，但没人去理解这个事情。

这事情，马云受了太多太多的委屈。因为对他来说，根本没有想要从别人口袋里或者别的股东里面去获取自己的利益，他根本没有往这个方向去想。他完全是为了符合有关部门的一些法规要求，为了监管的要求，所以当时支付宝在结构上做了一些调整。今后如果有机会，肯定很多人都会知道真相是怎么回事。这个事情其实跟他的个人利益一毛钱都没关系。但是全国人民、全世界人民在被那个媒体左右以后，所有人都在骂他为了自己的利益从股东身上拿了股权，说他是小偷。

最近这些年，他经历了太多委屈的事情。网上对马云的骂声基本上是没断过的，媒体也好，公众也好，舆论也好，其他行业也好，个人也好。我想不通为什么会这样，其实我觉得他已经成就了一个全球最大的电子商务公司，对这个社会、对这个国家、对这个行业都承担了这么多责任，承受了这么大的压力。所以我们的媒体，社会舆论也好，以及其他方方面面，都应该给马云一些宽容和理解。

去年马云交了将近一百亿的税，解决了一千多万人的就业，这不光是阿里巴巴员工的骄傲，其实也是我们中国人的骄傲。在这么一个背景下，我觉得更多应该给他支持、宽容和理解。马云不需要谁给他钱，国家也没给他钱，马云也不需要给他政策，他也没想要国家什么政策。其实马云需要的是给他一些支持，这是对全球最大的电子商务公司的支持，也是对马云本人的一个支持，也是对企业家创业精神的支持。

事实上马云有什么问题吗，有做违法的事情吗？据我了解什么都没有。他对哪个领域或者哪个行业有些业务上的变革，那应该把这些变革理解成是一种进步。在现在，就算中国企业不做这些变革，国外的企业进中国也同样会做，为什么不支持培养一家中国的大公司呢？

我不愿成为“马云”

我没有能力也绝对不想去成为“马云”，我很肯定。他太痛苦了，过得没有我轻松自在。

尽管我们中国的民营企业家，其实压力都很大，但我觉得马云的压力比我们任何人都大，因为他企业规模很大，是全球最大的公司之一，所以他的责任也会更大。马云的公司业务性质跟我们的不一样，他是在一个创新非常非常快的行业，而且是随着技术的进步，互联网产业的发展，对公司业务的创新要求越来越高的一个公司。所以很多人都不能去当马云，我管管银泰挺好，我肯定不愿意换这个角色。

马云的责任、压力太大、太累。我每次看到他这么小个子承受这么大的压力，都对他说：“哥们儿，你太累了。”

马云工作很忙，时间安排得也很紧张，很多事情身不由己，还要被一堆人骂。当名人压力太大了。

马云如何调节自己

虽然面对的压力很大，不过还好，马云的心态还算不错，他自己有的时候也会去调节一些，比如，马云喜欢看书，他喜欢看很多书。虽然马云在读书论坛上说自己不看书，但其实马云是很喜欢看书的一个人。只是他看的书，偏门的比较多一点，很杂，什么都看。

马云的另外一个调节自己的方式是他经常跟家人在一起，跟朋友在一起，有的时候大家聊聊天，一起交流交流。

之前有人说马云会打太极调节自己，但其实最近一年他几乎很少打了，因为太忙了。

大概五六年前，我们还偶尔出去打一下高尔夫。马云的高尔夫水平其实一般，算打得比较烂的。偶尔打一杆好球，马云就能开心得像小孩似的。我印象当中，我们俩有一次去丽江待了几天，就在丽江高尔夫球场打球。马云突然间几个洞都打得很好，就开心地在那儿跳，冒雨还要继续打。我逗他说：“你别高兴，这里海拔比较高，所以球飞得比较远。”

没有个人生活的马云

现在马云没有太多时间去安排他自己的业余生活。前不久有媒体爆了一个他打猎的事情——马云和我都是TNC（The Nature Conservancy）的理事，就大自然保护协会——那个打猎活动其实是在两年前，TNC组织了一次湿地跟保护区的考察。打猎只是那次活动很小很小的一部分内容，并且是在维护生态平衡的前提下、政府支持下，大部分时间我们在开会的。结果媒体给马云张冠李戴，登出来的照片上，那几个人我们一个都不认识，根本不是我们一起去的那次。另外这个打猎的时间也不是2014年，我们是两年前去的，可报道说是最近他去的。

其实马云现在根本没有业余生活，也不太可能有。很多人可能也没想到，马云的生活是这样，很忙，很痛苦。

围城里的马云

马云有个助理叫陈伟，之前出过一本马云的书，说我像“影视明星”，但基本上我和马云一起出去，“明星”都是马云，我在那维持排队拍照的秩序。

马云的知名度真的非常大，现在不光是在中国知名度很大，甚至全球的知名度都很大。我们出国的时候，在机场、酒店、餐厅，几乎很多老外都能认出他，都排着队跟他拍照。

我开玩笑说，我干脆给马云当经纪人算了，就管拍照收费。但话说回来，其实马云也非常讨厌这样的生活。甚至有时候，马云还很羡慕我们，他觉得我们挺好的，最起码出去不会有这么多人打扰，不会有这么多人找我们。这就是个“围城”了。

菜鸟网络是怎么来的？

菜鸟网络这个合作事情，其实也是在意料之中的。

我跟马云平时交往、交流比较多，经常在一起，是好朋友。马云对银泰的业务、对我本人非常了解；我对马云本人以及对他业务的需求也了解一些。所以在交流过程当中，我们聊着聊着就觉得我们应该合作，共同来做菜鸟网络。

当时的出发点是发挥双方各自领域的优势。因为阿里巴巴在技术、网络、线上、互联网方面是有绝对的优势；银泰其实在传统的领域，尤其是在一些实体上的开发，就是项目的规划、设计、施工、管理等等这些方面，有很多的优势。我们两个人彼此相互信任，同时业务又互补，所以在这个基础上，我们当时就定下来，干脆合作做一家新的公司，阿里也很早就想做的。

那么我们就想了很多名字。马云不是有一个天猫嘛，后来我们商量说要不这家新公司就叫“蓝猫”“猎豹”或者“猎狗”，取了很多稀奇古怪的名字。当时我们头脑风暴，说大家随便想，后来突然之间马云跟我说他想好了。我问他叫什么，他说叫“菜鸟”，我说这个可以。所以我们就定下来叫“菜鸟”了。

“菜鸟”是个互联网的名词，又有一种自谦的含义，觉得我们是一家非常新的公司，所以我们是“菜鸟”。

2013年5月28日，我们开了新闻发布会，大家对“菜鸟”这俩字还是非常非常认可的，觉得很好记，所有人都能记住。

但是前段时间也有对“菜鸟”的一些负面评价，我觉得这些评价主要是因为对“菜鸟”的业务不了解。我相信媒体也好，政府相关的管理部门也好，他们不知道也没有一个人能够说得清楚“菜鸟”要做什么。这点我跟马云很自信。

没有人能说清楚或者搞明白我们菜鸟网络是做什么的。因为这家公司的业务，是目前全世界没有人在做的，是一个非常创新的公司，它的业务是非常创新的。

很多人都会这么去理解：菜鸟是一家物流公司。其实我们根本就不是一家物流公司，也不是一家快递公司，更不是一个工业地产公司。菜鸟应该说是一个互联网数字平台公司。准确地说，它是物流快递这个行业的一个数据平台的公司。菜鸟的业务主要是为了结合电子商务的发展，去解决现在物流成本居高不下、服务很差、管理水平很低这么一个现状的一家公司。

我们主要的业务有三个内容，是“天网”“地网”和“人网”。按照马云的说法，这三张网就是“天罗地网”。

“天网”是我们主要打造的数据平台，是我们今后的很多产品、快递的平台等等。

那么地网的内容呢？我们要去打造一些物理上的体系，包括仓库的建造管理以及运营的体系，这就是“地网”。我们会在全国几百个城市里建设我们的地网。

“人网”主要是打造战略协同的体系。就是说今后在跟物流快递这个行业、跟电子商务有关系的领域，我们会去投资一些公司。这些公司是菜鸟的战略合作伙伴，或者可能我们菜鸟是它们的股东。

投资这些公司是为了今后围绕菜鸟共同来做战略协同。在各个领域里面的，只要跟我们业务有关系的，我们都会形成战略协同的关系。

天网、地网、人网，这是菜鸟的主要核心任务。

“马王”对赌的真相

马云和王健林的打赌，其实起因是我们在中国企业家俱乐部理事会开会时的一个聊天，当时其实也不是对赌，就是纯粹聊天。

马云当时说，十年以后，电子商务肯定会占到中国零售总额的50%以上。王健林说，肯定不可能。到最后王健林就提出来说：“那我跟你赌一个亿。”

其实当时我们在场的很多朋友，都觉得电子商务占到中国零售总额的50%以上，这个可能性是非常大的，大家基本上是非常认同马云的说法的。后来在央视里面，老王自己说了出来，就变成了全国人民都知道的一个“对赌”。

就他们两个设“赌局”来说，我个人理解，王健林其实已经认同了马云的说法。是不是叫认输，这个我就不去做评价，但最起码王健林已经认同，为什么呢？如果王健林不认同马云，为什么要拿50亿去做电子商务呢？

最近万达公布要拿50亿去做电子商务。如果王健林觉得传统零售业在今后十年内没什么问题，那就不需要去做这些事情了。

其实从长远看，我觉得谁都对，也谁都错，因为线上线下融合才是王道。

现在阿里巴巴也在从线上考虑跟线下的企业做一些全面的合作，跟银泰商业的合作其实是一个案例。当然，和别的公司，阿里巴巴也有大量的合作。

最后我觉得线上的用户跟线下的企业还是需要有互动、做融合的。以前大家的说法叫O2O，就是今后的电子商务企业，都会跟传统的商务企业去做一些结合，今后所有的商务活动都会电子化，这也是一个趋势。商务电子化，线上跟线下融合这才是对的。

阿里巴巴成功的启示

阿里的成功，改变了整个世界对电子商务的一个看法。其实之前在全球都没有一个成熟的电子商务模式，但是阿里成功了，变成了全世界最大的一个电子商务公司。

其实中国能够在全球排名前列的领域或者行业，也不是那么多的。但在电子商务领域里面，阿里巴巴能够成为全球最大的一家，这不光是阿里的成功，这对整个电子商务行业都是前所未有的一个成功，也是我们中国人的骄傲。

阿里巴巴这个公司的优势，事实上不光只在电子商务领域，它的很多别的产品，也是全球最好、最大、最牛的。像网络支付，支付宝它也是全球最大的；像阿里的数据业务，大数据、云计算能力，在全球也是最领先的公司之一。

我比较了解阿里巴巴这家公司，所以知道这家公司的潜力非常非常大。

马云对整个企业的战略布局是非常深远的。

现在大家看到的只是淘宝、天猫。其实他整个公司的战略布局还有很多，阿里巴巴是一个非常伟大的公司。

马云的“知天命”

马云是9月10日的生日，2014年是他的50岁生日。50岁，知天命了。我相信2014年马云的这个生日，一定是他这一辈子最难忘的一个，是非常有意义的一个生日。

话说回来，50岁的马云，心态还是很年轻的。以我对马云的了解，他的心态一直是非常年轻、积极、上进、很有激情的，这就是马云在我心目当中的形象。

从马云的企业文化来看，就能看出来，阿里巴巴这家公司似乎永远都是一个年轻状态的公司。如果董事长的心态非常守旧，那么企业文化不可能是这样——整个阿里集团到晚上十二点钟都是灯火通明的。而且马云整个公司的创新能力非常强，团队协同的精神非常强，执行力也很强。阿里整个集团里面，从上到下只要目标明确了，那是像打仗似的，所有人都会冲上去。

还有我觉得他们公司的凝聚力，或者说集体荣誉感也很强。如果谁说阿里不行，那即使是一个普通的员工，他都会跟你急。他们公司的凝聚力很强。

兄弟、老乡、合作伙伴

我和马云，既是好朋友、好兄弟、老乡，又是非常好的合作伙伴。而且我们之间没有任何竞争，我们俩是协同关系——菜鸟网络，他是第一大股东，我是第二大股东；银泰商业我是第一大股东，他是第二大股东，网络银行银泰又是主要股东。

在私底下，假如我们两个人之间，或者我们发“来往”，就会相互叫“兄弟”——“兄弟，你后天怎么安排？”

现在想来十年前，我递过去一张名片的小小的举动，成就了这么多年的一个兄弟情谊，这也是缘分吧。

希望这次IPO以后，马云能够自己过得开心一点，也希望社会各界，尤其是媒体对他更加宽容一点，让他不要受这么多的委屈。

这次淘宝“淘出宝来了”，今后，我希望“小微”能做大——就是马云另一家很大的公司，阿里小微金服集团，主要是做互联网金融的——再加上菜鸟能够腾飞，这就是马云公司的铁三角核心业务。

我希望淘宝见宝，小微做大，菜鸟腾飞，兄弟加油，继续努力。

扫一扫，看视频

09

沈南鹏

马云下了一盘很大的棋

马云这个人最大的特点，我用一个比较官方的词是“前瞻性”，但是其实“前瞻性”这个词还不足以描述马云，所以更贴切的应该是“大胆想象”+“完美执行”。马云的第二个特点是坚持。有很多想法，其实刚说出来的时候，很多人认为这是“狂言狂语”，肯定不靠谱。但是我感觉马云有自己一些非常执着的想法，而且能够坚持下来。

作者简介

沈南鹏，红杉资本中国的创始及执行合伙人，他也是携程旅行网和如家连锁酒店的创始人。他是“《福布斯》2012—2014年度全球最佳投资人”榜单中排名最高的华人投资者，并自2010年起连续四年蝉联“福布斯中国最佳创投人”，曾被《亚洲风险投资》杂志评为“2010年度风险投资家”和“2004年亚洲年度企业家”。他还被评为“CCTV2006年度中国十大经济人物”“2010年十大华人经济领袖”。

现任中国企业家论坛轮值主席和理事、耶鲁中国中心理事会主席、天津股权投资协会会长、北京股权投资协会副会长、上海浙江商会常务副会长。

沈南鹏先生拥有耶鲁大学硕士学位、上海交通大学学士学位。

初识马云

我第一次见马云，应该是在第一届或第二届的“西湖论剑”上。以前都是在照片上见到的，那次见到本人，我才发现他很“显眼”“突出”。当时互联网公司的创始人每年聚首在杭州，杭州成了这些CEO相互学习和取经的地方。那时候我还在做携程网，携程网那时候是一个还在发展中的“小个子”公司，所以能和一帮领先互联网的创业者每年借这个机会聚一下，感觉特别好。

马云当时主要是做B2B，而我们是做B2C的，是不太一样的领域。所以那时候，我对阿里巴巴了解很少，感觉做B2C的生意更有意思，马云这个B2B能做大吗？后来我跟他聊，还跟他们公司的其他人详聊，才真正知道，原来阿里巴巴已经有这么大的一批客户群，在商业上已经非常非常成功了。

马云在下一盘很大的棋

刚认识马云的时候，也没想过现在能和他有这么多交集。当时只是感觉他公司做得不错，我要学习学习，但是我是跟消费品打交道的，而当时阿里巴巴是B2B，是跟供应商打交道的。我可能更想跟新浪谈个合作，跟网易谈个合作，但跟马云这个B2B的行业没什么合作的机会。印象当中，好像感觉我们可以做得比阿里巴巴更大，因为我们这个行业好像天花板更高。

后来熟悉了，我才发现马云其实是一个很会从宏观去考虑布大局的人。尽管我当时也是互联网的早期创业者，认为自己也做得不错。

我不知道马云的那个时候，是否已经构想将来的淘宝、天猫、支付宝这一连串的产品，但是他最早起家的Alibaba.com，这个B2B的生意，确实给他们之后的发展奠定了最好的基础，练了兵，打造了团队。

多年下来，今天的阿里巴巴，已经是中国市值最大的互联网公司。

这背后是马云这个创业者，他的布局，他在下一盘很大的“棋”。其实我们当年也在“下棋”，但现在看，远没有马云下得那么大。

马云的特点：大胆想象和坚持

马云这个人最大的特点，我用一个比较官方的词是“前瞻性”，但是其实“前瞻性”这个词还不足以描述马云，所以更贴切的应该是“大胆想象”+“完美执行”。其实最开始的时候，谁也没有想到，中国电商的一家公司，能够是全世界所有电商公司里最大的，甚至是美国电商企业里第一名和第二名的总和。马云一步一步做到了。

所以马云的第二个特点是坚持。有很多想法，其实刚说出来的时候，很多人认为这是“狂言狂语”，肯定不靠谱。但是我感觉马云有自己一些非常执着的想法，而且能够坚持下来。

其实很多公司，很多的这种想法都是对的，但能不能坚持下来，尤其是别人不太看好的时候坚持下来?

共同老友蔡崇信

我很早以前就认识蔡崇信，我和他是耶鲁的校友。蔡崇信以前是个非常优秀的律师，后来又做过投资，他是非常非常非常聪明、特别特别特别实干的一个人。

蔡崇信1999年就开始追随马云，当时才拿500块一个月的工资。他跟马云的合作真是天衣无缝，因为马云特别需要像他这样的，对资本市场、对国际事业战略有很多经验的人。阿里现在的成功，跟蔡崇信有着非常重要的关系。

投资就是投人

马云有很多想法非常超前，所以我在想，作为一个投资人，能不能欣赏他，我感觉不好说，因人而异。但其实投资人去投资一个公司说到底就是投人。

我周围有一些朋友，他们跟蔡崇信认识很多年，最后都自己放钱去投资了阿里巴巴，多年以后，这些朋友当然都非常高兴。其实当年他们投资的时候，估计都不知道阿里巴巴之后要干什么，也不知道马云下的棋到底有多大，但是他们相信马云，相信蔡崇信。如果是我，我也会选择相信他们。

阿里发展的前面多年里，我没有机会投资阿里巴巴，当时红杉资本还没有进入中国，我那时候在做携程。红杉成立以后，已经是2005年了，那个时候阿里巴巴很大了，所以也没有投资的机会。但我们还是很幸运，我们在2011年，应该在中国民营企业投资里，以最贵的价格投资了一个非上市公司——阿里巴巴。当时这样一个投资决定，在现在被认为是非常正确的。坦率讲，那时的这个投资决策也还是挺难的，因为毕竟当时看，我们投资的是一个天价，但到今天，它却显得挺便宜的。

从阿里巴巴、马云的成功也可以看出来，投资是要去尝试的，作为风险投资人要相信各种不同的，甚至可能是异想天开的东西。马云一直在说一个事："要相信年轻人会比我们做得更好。"

今天的80后、90后，可能他们的商业经验还不如当年创业时的马云、马化腾或者是李彦宏，但我们应该用更加开放的心态去看。可能今天他没有办法展示一个完整商业的宏图，但是他身上的那股子劲儿应该是你关注和欣赏的。

挑战巨人，这就是互联网的可爱之处

马云过去这十多年的经历是非常具有挑战性、非常曲折的。作为现在中国最大的电子商务公司，阿里巴巴背负了很多责任，是改变中国电商生态环境的努力。这次阿里巴巴的IPO，最大的得益者可能是他们公司的管理层，但说实话压力最大的也是他们，马云在那个位置上是没那么容易的。任何一家千亿美金市值公司的CEO，他带着这个公司继续前进，成就下一个辉煌的压力都是无比巨大的。

在互联网或者IT这个行业里面，风云变幻是随时存在的。我们看过当年的戴尔，看过当年的诺基亚，甚至微软，“巨人们”面临着比任何一家中小型企业更大的挑战，但这也是互联网的可爱之处。

投资其实也是一样的。红杉在过去几年投过很多非常成功的企业，但是下一步、下一个成功的是哪个？是现在的京东、新浪、奇虎、唯品会，还是别的新冒起的公司？我们不知道。所以我们也不能再按照原来的方法去寻找下一个，我们得用新的方法。

这可能是所有“巨人们”所面临的难题：要在互联网里面生存并且做好，不容易！

马云的“聪明”不是因为他智商高

马云是一个非常非常聪明的人。所谓“聪明”，并不是按照高考的成绩，智商在这个“聪明”里的比例也并不那么大。在社会当中，一个人去实现自己的潜能，最重要的可能还是情商，或者至少是情商和智商的一个结合。

我中学时参加很多数学竞赛，我们在竞赛里得到的是技能“培训”，一个人的逻辑思维的本领就是那个时候养成的。后来走到社会上，别的因素才决定了一个人能够走多远，韧性、执着、坚持就是这些“别的因素”，就是一个人的情商。

马云也是个普通人

如果你是马云身边的朋友，你就会发现他和任何普通人一样。

我们春节经常会在一起，因为我和他都常会去三亚度假，他就跟一个平常的人没有什么差别。

我记得有一年过春节，年初一他到我家来拜年，还跟我女儿下了一盘五子棋。

马云有很多爱好，就像我们所有人都有爱好一样。他有工作的一面，也有生活的一面，他也会追求各种丰富多彩的生活。

阿里巴巴IPO的意义

这次阿里巴巴在美国成功上市，意义是非常非常深远的。

阿里巴巴今天已经是全世界最大的互联网公司之一，中国最大的互联网公司。这次阿里巴巴上市是一个很好的展示，让美国知道中国今天的企业：第一，不再是仅仅学习美国的某些商业模式，而是中国的新模式；第二，不再比美国的企业规模小一个级别，今天中国企业在创新，在规模，在产业化上面，也是处于全球前列的。

所以阿里的上市，可能是中国经济的一个标志性的事件。随着中国的崛起，在很多别的领域里，大家会突然发现某个中国公司是世界前三名、前两名的公司。

当然实现梦想还需要时间，但是阿里巴巴十多年就走完了这段路，走上了世界的舞台，这是中国人非常值得骄傲的。阿里巴巴上市是一个聚焦点，给大家展现了一个机会，让世界看到来自中国的一场精彩的秀，中国人一点都没有落后于美国人。

扫一扫，看视频

10

张纪中

马云很能耍贫嘴

马云有一个很重要的特点，就是他能够在一个非常“嘻嘻哈哈”的过程当中吸引人。其实他一天到晚嘻嘻哈哈，似乎没有正经的样子，但是他所讲的这些东西，都会引起你的注意。

作者简介

张纪中，1951年生，北京人，人称“张大胡子”，中国著名电视剧制片人、演员、导演，中央电视台中国电视剧制作中心高级经济师，多次获“飞天”奖、“五个一工程”奖。

先后制作过《三国演义》《水浒传》《激情燃烧的岁月》《笑傲江湖》《射雕英雄传》《天龙八部》《神雕侠侣》等多部家喻户晓的电视剧，被称为“中国第一电视制片人”。

“马老师”的年代

我第一次见马云的时候，他还在当英语老师。那个时候我很喜欢杭州，所以经常去，正好樊馨蔓拍了一个纪录片叫《书生马云》，她回来就跟我说要介绍一个人，那个人特有意思，特别能开玩笑，而且一天到晚很快乐的。我说好，就和她一起去了杭州。我就这样见到了马云，那时我刚刚拍完《三国演义》，差不多是1993年、1994年那个时候。当时马云还没有搞互联网，所以当时见到的是马云和他教的那一帮快乐的学生。

这些学生里还有个年纪很大的老太太，他们都叫她Grandma。那个时候马云他们没别的事，加上当时杭州菜很便宜，而且我也很爱吃，所以大家经常凑到一起吃饭。那一次我去杭州，几乎每天都和他们在一块，每天一起吃饭。

我现在很怀念，现在找马云吃顿饭都很难，现在他那么忙，像国家领导人一样。现在他真的是不一样了。

其实我比很多杭州人都熟悉杭州的原因，就是跟他们这一帮人到处去玩。比如说那个时候龙井山还没有什么农家乐，所以到了礼拜六、礼拜天，他们就去找那些个地方去，跟老乡商量说你给我们做顿饭吧。马云和那帮学生就拉着我到处去吃饭，我觉得那个时候是快乐幸福的时代。

后来马云在互联网越做越大，现在我再去杭州的时候，吃饭的时间就少了。当然在这个“越来越大”的背后，有许多不为人知的痛苦。马云跟我说过他背后是“想象不到的痛苦”。

所有让人难以承受的欺骗、背叛，这些东西马云都经历了。

黄页里的马云

马云这个人很能耍贫嘴，一说起来就让我笑得不行。尤其是他跟那帮学生在一块的时候，经常“没大没小”“胡说八道”。你听着确实好笑，那叫一个玩笑百出。

可以说是马云让我到了杭州以后，感觉到心情非常舒畅。所以那时候我愿意去杭州的很重要的理由，就是跟马云和他们这一批人能在一块。那个时候工作也忙也累，但去了杭州就特别放松，每天喝茶、说话、聊天，说那些七不搭八的事儿。大概这个时间持续了好几年，几年后，他开始搞互联网。

刚开始的时候，马云也来给我们介绍他的“中国黄页”。互联网，是完全看不见，摸不着，在当时也没有概念。马云那个时候有这个概念，而且他告诉我们世界将会到处都是互联网，他们将要做这种互联网。其实我听不懂互联网有什么作用，那个时候就是手机的，但智能手机根本没有。电脑也不是那么普及，那个时候已经是网民的人也没多少，上网还是很奢侈的事情。

我是一个设备狂，所以说电脑、手机，基本上我都是用最新的、性能最好的。但是关于互联网这个概念，最开始我也是从马云那里听说的。

马云有一个很重要的特点，就是他能够在一个非常“嘻嘻哈哈”的过程当中吸引人。

其实他一天到晚嘻嘻哈哈，似乎没有正经的样子，但是他所讲的这些东西，都会引起你的注意。

马云对于新生事物的敏感性是非常强的，而我就没有那么敏感——我只是循规蹈矩地做电视剧。

低谷里的马云

那个时候，马云就开始做“中国黄页”，说起来，到现在我也不知道他们这个“中国黄页”到底是什么玩意儿。反正我知道他们这几个人在做。

当时他那几个朋友一起做，还带我去看。我每次去看，他们都有进步，换了很大的办公室，虽然和现在的办公室没法比，但在那个时候已经算很大的了。我到他们的办公室，好家伙，一层都是，阔得不得了。

但是后来，这个黄页的项目失败了，马云最后到了北京，那是他最低谷的时候。

在外经贸部那个环境之下，国家机关这种地方，怎么能容下这么一只“马”，这个“马”经常想入非非，是天马行空的一个人，所以基本上他是处在一个无比痛苦的阶段。他和张英那个时候住在一个很简陋的地方，有时候我也去看他，或者他来我这儿，我们一起吃饭，那个时候他就显得比较沉重。

后来有一天，大概1997年、1998年，马云跟我们在一块吃饭的时候突然跟我说，决定回杭州去了。我问他，回什么杭州，北京多大的地方，多好。他说，不行，想了想，北京的“地利”不行，他在这不适应，还是准备回去自己创业去。

那个时候，他决定要回杭州，可能是在北京找不到一个方向。回去以后可能他也会比较放松。马云回去以后真是很艰难，把自己的房子拿出来，还拿出钱来去做这种创业，本身这种精神就是非常了不起。当时马云的创业就是阿里巴巴。

现在算起来，阿里巴巴是1999年成立的，所以那时候阿里巴巴还在筹办阶段。当时我刚刚拍完了《水浒传》没多久。我就以我自己拍电视的例子跟马云说，“质量很重要。”

我跟马云讲，我们拍一个东西的质量，就好比攥了一把沙子。你攥得紧紧的，它还会漏，如果你慢慢松一点、松一点、松一点，等打开看的时候就剩不了多少了。所以这个质量要在各个地方下手，就是把它各个的地方都给攥住了，才会有好的质量。拿我们拍戏来说，从服化到烟火照明、武打、美术、摄影、导演，没有一个环节是能松懈的。如果要松懈的话，整个质量就会差，要是每个地方都松懈，整个质量都差。

现在马云也会跟我说起，“我还记得你说的关于质量的问题。”

创业像种萝卜

马云很乐观。最开始马云给我说互联网时，我就跟马云探讨了很多，因为当时确实不理解这个事。

我就说他："这个互联网是什么，你连瞧都瞧不见。"他说："这个东西就跟种萝卜一样，不能说种着种着，就把萝卜拔起来看看然后再埋回去。你就得让它长。"我听他这个话，就像听了个笑话一样，就笑起来了。我说："你对'互联网'的这个解释，我更不能理解了。那怎么种'互联网'，怎么让它长呢？"

后来他跟我讲，说互联网将改变人的生活。我心里想："这个通讯手段能改变人生活吗？"我当时没有想到互联网会渗透到老百姓生活的每一个角落当中。比如说现在的网上购物。

“天才”马云

马云实现他说的这一切，大概花了十几年的时间。就是我1998年、1999年的时候听马云在探讨的这些问题，听他讲的这些想法，现在基本都实现了。

我觉得马云真是一个天才。他又不懂互联网，但是他有这个远见。就是说在我们都没有看清楚这个东西的时候，他能够有这种“举一反六”的精神，而不仅仅是举一反三。

马云之所以会抓住互联网，我觉得原因有两个。第一个，马云的英语还不错，而且他在跟外边世界连接时，有目的地去探索这一块；第二个，马云认准了互联网的发展，而当时我们根本就对互联网一无所知或者一知半解。

包括现在的微信，谁能想到现在微信能搞成这个样子？原来腾讯就是QQ，我们基本上还要找电脑登录QQ，现在随着智能手机的发展，全中国到处都是“微信控”。

所以可以说，互联网这场革命，马云是革命者，也是一个实践者。

淘宝刚出来的时候，包括物流、整个支付方式，都还没有，但其实马云当时就已经设计好了这些东西。所以马云在集成化这方面，做得太成功了。从商业的角度，从物流的角度，从支付方面，包括现在涉及到金融领域，可以看到马云是从一个点扩展到很大的一个面。

互联网改变生活，从他一个人身上就可以看到，阿里巴巴确实改变了我们的生活。

马云把握投资的判断力，也是一个“天才”。我觉得马云在很多方面，能够展现他的这种“天才”，就是他的思维和敏锐的前瞻性，而最不同的一点就是他的前瞻性。比如1996年的时候，他能够看到互联网的发展。

我相信马云不知道互联网能够发展到今天这样，要说他1996年的时候时候就已经看到互联网今天的情况，我觉得有点瞎说。但是至少在冥冥之中，他有了灵感，他能够想到互联网有着无限宽广的余地，这是我们当时看不到的。

其实做什么东西都需要这样一种灵感，马云就是在这方面特别地有灵感，他能想到很抽象化的东西，这是他最大的优点。

那个时候马云也曾经在美国待了一下，最后还是回到了中国来。这整个的过程，我们作为朋友都看在眼里边，但都不知道他在做什么。

马云现在的成功，是很多大家没看到的失败积累之下的爆发，这也是马云了不起的地方。

马云有什么了不起？我觉得就是在能够承受得住这些失败，能够从这些失败当中找到破茧而出的方向，这是马云最了不起的地方。

马云的“吹牛”

马云这十几年的故事，是整个社会变革印在他身上的故事。所以应该说有这样一个朋友，我感到自豪。

马云现在当然是已经很成熟了，他已经完全不是那个当年的马云了。当年的马云跑到清华大学去做一个讲演，还要我给他“长长气”，就是让我给他坐镇。

还记得那次在台上，我说：“我告诉你们，我认识马云就是听他吹牛，吹呀吹呀，结果真的让他给吹成了，所以有的时候不能小看吹牛。”

“吹牛”有时候就好比我们在电影里讲一个故事。我在讲这个故事的时候，脑子里想得天花乱坠，但是讲给观众听，观众真正接受的可能只是1/5、1/10或者1/50。能接受多少是根据每个观众本身的审美、文化背景和认知程度决定的。

当时马云“吹牛”也是一样，每个人都有一个认知的尺度。马云讲的这些东西，我能够接受到的可能就那么一点，而且我还会觉得，他又在说什么笑话吧？本来这人就一天到晚没正经的。所以有的时候马云说正经事儿，我也觉得是在那嘻嘻哈哈的。

“投资者”马云

马云对于资本方面的运作，越来越熟悉。包括他去说服孙正义给他投资，这些事情他都讲给我们听。

后来包括跟王中军做华谊兄弟，马云也把我拉进去，所以我才获得今天的一些财富。他给我说，这个投资，他觉得行，当时不光我不信，冯小刚也不信。

马云给我说可以上市，我对“上市”一点概念都没有，我的概念就是拍戏。这就等于马云给我们铺了一个路。不光我，包括王中军更是这样的，现在他之所以发展得这么好，都是跟当初制定的那个架构组建有很大的关系。

风清扬

有一次我拍金庸剧，那个时候到现在有十四五年了，金庸先生到杭州去看我们拍戏，我陪着金庸先生在杭州待了几天。在这几天中我也把马云叫来了，所以马云跟金庸先生就是这么认识的。

马云跟金庸认识了以后，就邀请金庸去参加“第一届西湖论剑”，到现在，马云和金庸先生都保持着良好的友谊。

当时拍《笑傲江湖》的时候，马云一直想演风清扬，我没让他演。其实马云形象还可以，演个有点怪异的大侠没问题，但是风清扬有很多动作戏。马云打打太极还可以，但是真的要他去做武侠片的动作，他受不了那罪。所以后来我找了于承惠来演。对于承惠来说，他演风清扬是绰绰有余的。

本来我还有一个角色，是《碧血剑》里袁承志的老师，我给马云说让他去演，可是当时他没时间了。

现在马云更没时间了，现在属于个人的时间少而又少。

我上次去到杭州找马云，就只有一个小时的时间。好家伙，现在他真是“中央领导”的架式了。再没有当年我们一起坐在茶园里喝茶，大家欢声笑语，嘻嘻哈哈，一下午的时间就这么懒懒洋洋地过了的那种岁月了。

世界的马云

他最初是把属于世界的东西带到我们中国来，给我们普及因特网，现在反过来要把属于中国的东西，把他的电商平台推向世界。

大概四五年前，我就问过马云上不上市，当时他回答说不上市。但是后来，他从战略意义的角度思考，还是决定要上市。因为要成为全球化的企业，而且要做到全球最大的电子商务企业，还是要通过资本的手段。

现在，马云在把公司逐渐地向全世界拓展，因为有了上市融资的钱，可以在更多国家建立电子商务网络。现在我从新闻里也看到说阿里巴巴和法国、新加坡签署了一些合作的协议，所以我相信马云的影响力还会越来越大。

扫一扫，看视频

11

赵　薇

马云完全不给人距离感

马云会说的一定是发自内心的话，所以他不需要花那么多时间去维持那种社会关系，但是大家自然而然都会跟他有一种非常融合和沟通的关系。他也是一个完全不给人距离感的人，我隐隐记得第一次见他应该也是一次普通的饭局。当时最让我印象深刻的是，“天哪，马云就穿成这样啊，穿得特别‘破烂’，那个黑色T恤衫，至少穿五年有了吧。还穿了一个运动裤，戴着一个洗得有点发白的运动帽。真的让人挺想买几件衣服送给他的。”

作者简介

赵薇，1976年3月12日生于安徽芜湖，中国内地影视女演员、歌手、导演，北京电影学院导演系硕士。1998年凭借电视剧《还珠格格》成名，并荣获“金鹰奖最佳女主角奖”。

2013年赵薇首次执导的电影《致我们终将逝去的青春》票房口碑双丰收，并成功斩获“金鸡奖导演处女作奖”和“中美电影节最佳导演奖”。凭借《致青春》，赵薇成为首位导演处女作过亿的华人女导演，也是票房最高的华人女导演。

演艺事业之外，赵薇还热衷于公益慈善，2004年创立“赵薇奖学助学基金”。

马云是超级正能量的人

马总集团下面有一个软件叫“来往”，我有去帮助做一些来往的推广。因为来往是一个推出比较晚的软件，2013年才刚刚推出，所以知道的人不是那么多。

后来经过推广，就有很多“铁粉”到来往里“扎堆”来关注我，而我有时候就在这个软件里说话呀，发照片什么的，还得到了很多的“正能量”。

因为我对马总的印象是：他是一个超级正能量的人，所以他做的一些东西，可能无形中也带着个人身上的气质，不管是淘宝或者来往，都带着一个很明显正能量的味道。

马总很爱思考，爱学习

我觉得马总是个比较好学的人，他不会满足自己曾经在某一个领域做到的“登峰造极”，而是不断开拓新的领域，扩大企业的板块。

比如说马总现在做阿里影视，就会问到我专业内的问题，包括我对影视行业以及电影未来的看法。

我在回答的时候，就感觉他听得特别认真，一直在思考。

马云最适合的角色是“老师”

很多人找马总演戏，他都拒绝了，可能马总自己也没有具体想过自己要演什么，但是什么是好的角色，马总是能看得出来的，他是很识货的。

我觉得如果真的要说他适合什么角色，可能马总比较适合演老师，因为他身上有很浓重的老师的气质。

马总讲话非常有逻辑性和思想意义，中心也非常明确，不会漫无边际，没有重点，非常提纲挈领。

另外让我很意外，马总的歌唱得非常好，尤其是蒙古长调。我去他家唱过歌，所以听过马总唱歌，而且他非常喜欢唱少数民族的歌曲。我没想到他并不是一个非常强壮的人，但是长调那种延绵和时间长度非常好，就是说马总的肺活量其实非常大。

企业家都很大胆

如果能跟马总搭戏，对我来说还是非常刺激和挑战的一件事情。因为马总是一个很难碰到一起演对手戏的人物，因为他本身就非常传奇，非常有个性。他能够在很多人面前去演讲，已经具备了一个演员最基本的素质——大胆，就是他敢于释放自己的内心。

不管是史玉柱还是任志强，马总身边的朋友都蛮有个性的，包括马总在内，每个人的表达能力和表达欲望都是非常强大的。虽然他们都是企业家，但似乎每个人都能撑起一台戏。

马总还跟我讲过一个特别有趣的例子，就是在他刚刚起步的时候，他受邀去德国做一个演讲。他收拾得特别整齐就去了德国，在一个能容纳两三千人的大厅里开始演讲，结果好像连带他在内，大厅里就只有两个人，但马总还是演讲了，这就很大胆。以我的个性，要是碰到这样的事情就会说："你是来听我演讲的，那就别在这儿坐着了，找个地方我们喝一杯德国啤酒，聊聊天，就能把这个事情讲完了。"

马云长得就像“慈善家”

很多人说马总社交能力很好，不管是和商界的大佬，还是和很多演艺圈的人关系很好，比如我、孙俪、黄晓明，我们每天都在用来往。但其实马总并不是一个一天到晚跟各种朋友维持热络关系和联系的人，因为他也没那么多时间。他是一个有心人，就像有些朋友对我的评价一样。就是说我不是常常跟大家见面，但是每次一见面，也不会让大家觉得有很久没见过面了，马总每次一见面会立刻跟你说真心话和他遇到的一些事情。

我觉得很多人自我封闭很厉害，会自己过滤掉很多事情，讲的话会让听者感觉听不听是一样的。马总会说的一定是发自内心的话，所以他不需要花那么多时间去维持那种社会关系，但是大家自然而然都会跟他有一种非常融合和沟通的关系。

他也是一个完全不给人距离感的人，我隐隐记得第一次见他应该也是一次普通的饭局。当时最让我印象深刻的是，“天哪，马云就穿成这样啊，穿得特别‘破烂’，那个黑色T恤衫，至少穿五年有了吧。还穿了一个运动裤，戴着一个洗得有点发白的运动帽。真的让人挺想买几件衣服送给他的。”但是跟马总一聊天，你就会发现，他并不需要非穿成什么样，穿成什么样他都是他。

很多人第一次见马云，都觉得这人长得很奇怪，其实我第一次见马总，倒没有这样觉得。因为他太早就出现在媒体跟公众的面前。而且我见过很多人，也没觉得马总长得有什么特别的地方。

而且有一次我看了一个相面的书，还跟朋友聊天说，书上写的有一种面相有点像马云，马云的额头特别宽，但是不太鼓。相面的书上说，额头不鼓但是很宽的，也是一种非常好的面相，最后还说这种人容易出慈善家。

马总其实还真是非常乐善好施的人，在慈善方面马总基本上是你不要跟他提，只要跟他提，他就会觉得这事一定要做。

前一阵我朋友有一个基金，我先生就跟马总说这个基金挺不容易的，是帮助少数民族孩子医疗问题的。马总就捐了大概三百万扶持这个公益事业。

认识了马云，我才开始用淘宝

我虽然演过各种形形色色的人物，但是在生活中其实有点“白痴”。我自己没有订过机票，而且还保持着传统概念，要去订票点买机票，我是认识马云以后才开始用淘宝的。

当时马总就问我：“赵薇，你怎么能不用淘宝呢？”其实马总和他的夫人，本身都是淘宝的用户。他们的生活当中，很少碰到不用淘宝的人，所以他们碰到我以后就会非常热情地推荐我去用淘宝。当然我现在已经很专业了。

淘宝太方便了，而且大家在淘宝上都有自己的圈子，去分享在淘宝上淘到的好东西，发购买的链接。有朋友发来的是夏天刚买的草编拖鞋，应季的时候就有人分享云南的松茸的链接。包括以前我在饭店里才能吃到大芋头，在菜市场很难碰到，在淘宝上我就能买到。

淘宝改变了我的生活

我用淘宝之后，最受不了的其实是我妈妈。因为我爸和我妈都退休了，有时候去菜市场买个菜，淘个小东西是他们的生活乐趣，自从我用上淘宝以后，等于“剥夺”了他们的乐趣。

当然我妈现在也适应了，因为每天都有我的快递送到，什么柴米油盐，各种厨房用品，衣服、鞋子，他们后来跟我说，“别买了，太多了。”我就跟他们说我已经上瘾了。

后来有一次爸妈回安徽去待了俩礼拜，我就把收货的地址修改了，修改成了我安徽老家的地址，我妈又疯了。我妈说：“门卫都说了，‘你怎么找了这么好一个闺女，你刚一回来，就天天收到给你的包裹邮件。’我们真谢谢你，生了你这么好一个女儿，但是你真的别再寄了，因为我们没多久就回来了，你寄太多了。”

其实淘宝现在也算是我的一个放松的方式，有的时候我拍一些戏，比如拍陈可辛导演的《亲爱的》的时候，剧情挺压抑的，中间休息的时候，我就坐在椅子上，用手机淘宝买点菜，买点肉，给妈妈买双鞋子什么的。

那一刻，我脑子里面除了淘宝不想别的，所以这对我来说，是一个非常好的放松。而且这样想来，淘宝在一定程度上也拉近了我和家人的亲情关系。

阿里巴巴是中国的“名片”

中国没有很多世界上很知名的企业，所以这次阿里巴巴上市，其实是在做一张中国的“名片”。美国有苹果，法国有服装，瑞典有宜家，每个国家都有这种“名片”，这种“名片”不光是影响本国人的生活，甚至影响到其他国家人的生活。比如我们也会被苹果影响，我们会去宜家。其实这些都是别的国家的文化和名片，而阿里巴巴这次就成为了我们国家的“名片”。

比如在商业方面，我们国家的某个品牌，如果能成为其他国家人民生活中不可或缺的一部分，这应该是中国所有企业家的梦想，可能现在马云离这个梦想是比别人近一点。我衷心地希望，中国的人使用或拥有的产品，也就是这张“名片”，能够改变全世界人的生活，全世界人都能够去感受、享受，并使用这个产品。

马云是有梦想的普通人

我知道马总这一路走来很不容易，他跟我讲过一个事，他第一次挣的一笔钱是两千五百块钱，当时他就跟他媳妇俩人在家特别高兴。后来他们就把两千五百块钱像拍电影似的往天空一撒，看着钱慢慢飘下来。他现在跟我讲这样的故事，我觉得特别有趣，也特别感动，因为他那个行为是很浪漫主义的。所以我觉得马总是一个有理想、有梦想的人。

成功了之后，马云也没有觉得自己跟别人有多么不一样。这也是个特别的珍贵、特别不容易的品质。

很多人一旦成为了受人瞩目的样子，就很容易迷失自己。他们会觉得自己跟别人不一样，甚至极端一点的还会觉得自己不是人类。但是马云给我的感觉，他从来都是没有当自己是一个多么与众不同或者是比别人优越的人。

“明星”马云

有一次我参加大学同学的聚会，正好那次马总也在北京，我就约马总一块过来吃饭。当时我所有的大学同学看到他都特别高兴，每个人都搂着他拍照，甚至有时候马总去参观别的公司，需要和全公司的几百个人轮流拍照。我当时看着他就觉得，天哪，他比我还累，比当明星还累。

我去过一次阿里巴巴的总部，当时马总就说：“赵薇你来了，太好了，你跟我逛一逛吧，让我们公司里的人都见见你。他们很多都是80后，他们看到你，今天一定会很高兴。”

然后他就领着我各个楼转，其实就是想让员工都看一看，“你们小时候都挺喜欢她的吧，来看看她，跟她拍个照。”于是大家就都跟我一起拍照。然后马总就说：“平时我来的时候，他们都找我拍，现在他们都找你拍了，让你也感受一下。”

 扫一扫，看视频

12

郭广昌

一个很激情、很煽动的“外星人”

马云非常注重激情，很有煽动力，很会组织大家。他是先从“云端”开始进攻，但他一定要落地，所以马云肯定需要一个团队，去帮助他把项目落地。

作者简介

郭广昌，1967年2月16日出生，祖籍浙江省东阳市。复星集团董事长，第十二届全国政协委员，第十一届全国工商联常委、全国青联常委，上海浙江商会名誉会长。

22年前郭广昌和他的三位伙伴的创始资本仅有38000元人民币；如今，复星是中国最大的私企之一，其净资产超过673亿元，总资产超过3000亿元。

美国《纽约时报》将其比作“迷你版的伯克希尔·哈撒韦公司”，英国《金融时报》称郭广昌为“中国自己的巴菲特”。

外星人

我认识马云很早了，应该是十几年前的事情了，但是具体的细节记不清了，我记忆不好。对马云的第一印象，就是感觉他能长这个样子挺不容易，感觉像外星人。历史上，我给两个人取过外号，一个是马云，叫他“外星人”，可能我也不是第一个这么叫他的人，但我肯定是比较早的；第二个是史玉柱，我叫他“史大仙”。

除了马云的外表，我对他还有一个感觉，他很有蛊惑力、很会说。而且马云无论是在生活中还是工作中，如果他要说一个事情，总是能把它说到位。不过虽然绝大部分事情我会觉得他是对的，但是也有一些事情我始终认为他是错的。就是我虽然一开始也比较受他这种强辩的影响，但是后面想想，我还是有自己的理性思考的。

马云和马化腾是两种人

虽然我不记得第一次见面的情形，但是认识马云那么多年，倒是经常见面，经常在一起。最近一次是在TNC的一个会上，马云是TNC理事会成员，而且是那次会议的主持人。

马云很有激情，他站在那里主持了一个上午，我们坐在那里听了一个上午。马化腾身体不好，那次会议没有来。在平时交往的过程中，让我感觉马云和马化腾是两种人，虽然都为保护大自然这个事业做出了贡献，但是两个人的风格完全不一样。马云非常注重激情，很有煽动力，很会组织大家；马化腾是很细节化的一个人，他做一个产品，就会亲自过问所有的细节。

他们虽然一个是技术男、一个是精神领袖，但其实到了最后都需要“全面”，所以最后其实是看怎么用一个团队去弥补领导人的不足。

马云是先从“云端”开始进攻，但他一定要落地，所以马云肯定需要一个团队，去帮助他把项目落地。

马化腾则是从产品入手、从地气接起，但是做了这么大之后，光接地气肯定是不行的，所以他就要攻入“云端”。

他们两个，其实最大的区别无非就是进攻的方向不一样、风格不一样。

顿悟与渐悟

我练太极是受马云的影响，我的教练也是他介绍的。马云当时挺有意思，他介绍给我教练之后，为了显得他自己的教练比较正宗，就说我的教练不好。所以他其实也是很风趣的一个人。

我现在出去演讲也经常说“太极”，说马云跟我练的方式不一样。他是注重于用嘴巴和思想练，但是我比较注重用身体练，可能因为他高度不一样。这其实是有道理的，因为太极本身是具有思想性的，是把一种太极思想和身体运动做结合。我一直有个说法，像佛教里面说的，修行佛教有两种方式，一种叫“顿悟”，就像突然被敲了一下，或者突然感悟到什么东西，就马上成佛了；另一种叫“渐悟”，就像苦行僧一样，慢慢地修行，可能一辈子还不够，要好几辈子、几十辈子。

其实这两种方法都对，关键是看你自己的悟性怎么样，可能我这种算悟性很愚笨的，所以我自认为只能用渐悟的方式，从一点一滴、每个动作的准确性开始，哪怕显得很僵硬，但是慢慢去积累。

马云的天性就像已经修行了好几辈子了，所以他可以直接进入顿悟，一下子就天马行空，可以云里雾里。

说到底，方式不一样，是因为根性不一样，各有各的佛根，各有各的基础。

每个人的活法不一样

每次外出活动的时候，基本上主持人和马云一对话，就开始有听众向马云问这问那，好像有马云在的地方，就没其他人什么事了。这种事情，应该不止我一个人遇到，包括俞敏洪、江南春，甚至柳传志，他们也都应该遇到过。当他们和马云在一起的时候，别人的目光和焦点好像总是聚焦在马云身上。

其实据我了解，马云也并不喜欢成为一个焦点，他其实也蛮累的。但是这种东西也并不是他的意志所能转移的，他已经到这个程度上，就一定会成为聚焦的焦点。他的影响力这么大，还是因为他做这么大的事，影响了那么多人的生活，甚至改变了业态，改变了整个中国的生态链。如果只是因为他说得好或者长相问题的话，是不可能形成这样一种聚焦的。

我觉得大家都像是运动员，总有明星运动员，也一定有一般的运动员。明星运动员都是因为他特别有智慧，同时也一定付出了一般运动员难以忍受的一些成长。不过大家也会惺惺相惜，比如足球运动员之间虽然相互竞争，但是一个真正好的运动员，一定不会轻易让另一个运动员受伤，因为他知道大家都不容易。

商业生态需要更多包容

很多人说，马云代表了一种正能量，其实我觉得，正能量、负能量在于一念之间。同样一个事情，你现在可以把它理解成一个正能量，但是过了一段时间之后它可能就变成了一种负能量。

比如像马云也是这样，很多人靠马云激励自己，觉得他是一个创业的神话，是正能量。但是如果你用非常高的道德去要求他，自己给他塑造了一个形象，把他塑造成一个神，一旦觉得他做的事情跟你原来想象的有点不一样，这时候他就可能变成一种负能量了。所以还是那个比喻，大家都是运动员，大家都是在商业上进行竞争，那无论是企业家相互之间还是企业家和社会之间都需要更多的包容。

因为对所有的中国的企业家来说，其实我们经历的时间都太短，我们都需要修炼和磨炼自己。所以也不要用太高的眼光去看马云，他也只是一个“人”而已。

企业强则中国强

维持一个好的商业生态，就像维持一个好的足球规则一样，对大家都是需要的。所以我觉得，大家应该少一点相互批评。不是说不能批评，是应该多说一点建设性的意见，一些相互理解的、善意的东西，让大家可以生活得更愉快一点。今天伤了马云，可能下一次伤了柳传志，再下一次伤谁？到最后大家都会受伤。

建设一个好的商业生态，是要从每一处小环境中去做的。就像以前，我们不觉得空气跟我们有什么关系，不觉得水跟我们有什么关系，但是一到雾霾来的时候，大家才发现它们和每个人都有关系。一个国家强大，其实最根本就是企业的强大；企业强大，就需要不同的团队和有强大团队的领导人。

我们不应该把阿里巴巴的IPO看得太重，因为马云也有投资人，所以上市是必须走的一步。我不相信阿里巴巴的上市有那么重要，因为即使不上市，阿里巴巴也很伟大，马云也很伟大。

对阿里巴巴来说，上市也就是一个新的开始，让马云走吧，慢慢往前走吧，阿里巴巴的路还很长。

领袖应该说“正确的废话”

每个人都有缺点，只有把缺点做到极致，才有战斗力。一个人真正的力量恰恰是把缺点磨炼成最大的优点，马云就是一个很有“力量感”的男人。

马云的优点和缺点都是“说服力”。如果这些说服力的方向是对的，那就会变成凝聚力，让团队很快地往前走；但如果说服力的方向是错的，那马云的压力就会非常大。但是我相信，马云的领导力、他的愿景、他的智慧比一般的人、比他的团队的其他成员肯定更强一些。

其实以前对马云来说，他是企业新锐，所以他说的话应该“语不惊人死不休”；但是现在他是领袖，所以可能他需要去说一些“正确的废话”。“正确的废话”还是需要有人去说的，因为同样正确的话，一个领袖去说，他带来的就是正能量而不是废话；可能一个普通人去说这些的话，那就真的只是“废话”了。

不要盲目崇拜任何人

马云现在之所以取得成功，也是因为他付出了巨大的努力。

每个人的活法是不一样的，所以每个人都应该做自己，就像我不希望成为任何一个别的人，也不会成为任何一个别的人。为什么一定要做自己，我说一个例子吧。

有人跟我说，马化腾当年想以很便宜的价格把腾讯卖掉，但如果有哪个人出了那点钱买下来的话今天会多么成功。我听了之后就跟他开玩笑，我说：“如果马化腾那时候真的把这个企业以很低的价格卖掉，还会有今天的腾讯吗？腾讯之所以成为今天的腾讯，就是因为马化腾没卖掉，而且腾讯一直走在正确的方向，一直走到今天。”

其实马云也是一样。马云走到今天，是他一个个经历、一个个抉择才变成了今天的马云，没有一个人可以模仿。你只能是做最好的自己，你才会有幸福感，如果你是要去做别人的话，你是不会有幸福感的。

即使我和马云是很好的朋友，我也不会去崇拜他、模仿他，因为大家都是人嘛。任何一个人都会有缺点，包括马云在内。所有的企业家也会有人性的优点和缺点，只能说尽量修行。

其实做企业的过程就是人生一个修行的过程，无非就是让自己尽量缺点少一点，优点尽量多一点，或者尽量把缺点磨炼成一个有用的武器，能够让未来走得更顺利一点。

我不崇拜任何人，但是我尊重每一个人，尤其是能让我学习的任何一个好伙伴、好朋友。

扫一扫，看视频

图书在版编目(CIP)数据

近观马云 / 优米网主编 ； 史玉柱等著. -- 北京 :
北京时代华文书局, 2014.11
ISBN 978-7-80769-922-4

Ⅰ. ①近… Ⅱ. ①优… ②史… Ⅲ. ①马云－生平事
迹②电子商务－商业企业管理－经验－中国 Ⅳ.
①K825.38②F724.6

中国版本图书馆CIP数据核字(2014)第253659号

近观马云

著　者　**史玉柱　冯　仑　任志强　刘永好　江南春　李　静　吴　鹰
沈国军　沈南鹏　张纪中　赵　薇　郭广昌(按姓氏笔画排列)**

编　者　**优米网**

出 版 人　田海明　朱智润

选题策划　程　峰

责任编辑　张国平　梁　静

特约编辑　姜一鸣　程　峰

装帧设计　吴星火

出版发行　时代出版传媒股份有限公司　http://www.press-mart.com
北 京 时 代 华 文 书 局　http://www.bjsdsj.com.cn
北京市东城区安定门外大街136号皇城国际大厦A座8楼 邮编：100011

印　　制　北京正合鼎业印刷技术有限公司

开　　本　710mm×1000mm　1/16

印　　张　17

字　　数　145千字

版　　次　2014年12月第1版　2014年12月第1次印刷

书　　号　ISBN　978-7-80769-922-4

定　　价　49.00元